孤身育儿

ワンオペ育児

［日］藤田结子 ——— 著

王晓雨 ——— 译

上海文化出版社

　　21 世纪初，"败犬"成了流行语。"败犬"一词出自随笔作家酒井顺子《败犬的远吠》（2003 年）。根据定义，"败犬"指的是"未婚、无子、30 岁以上的女性"，而"胜犬"指的是"正常结婚且有孩子的女性"。《败犬的远吠》肯定了作为一种生活方式的单身主义，认为单身主义是区别于主张"女人的幸福在于结婚"的喧闹世界的处世之道。另外，就像酒井预先指出的那样，"把人根据胜败分为两类的做法本身就是不可取的"，这本书实际上是在讽刺根据已婚或单身来评判女性的社会。

　　在《败犬的远吠》中，"终极的胜犬"——曾任联合国难民事务高级专员的绪方贞子，登场了。绪方女士嫁给了拥有较高社会地位的丈夫，生了孩子之后仍然活跃在职场，赢得了诸多尊敬，酒井也对其大加称赞。数十年后，在"女性活跃"的大旗下，《败犬的远吠》中略有提及的"无法平衡工作和育儿的女性"被广泛列为范本的时代已经来临。

实际上，养育孩子的女性大多疲惫不堪。从清晨到深夜，一整天都忙于家务、育儿和工作。自己的头发毛毛糙糙，别说去护理指甲了，忙得就连手指上的倒刺也顾不上，出门穿的衣服上甚至还沾着孩子吃的食物碎屑。在单位，由于孩子生病而日复一日地早退或突然请假，不得不一个劲儿地向上司和同事低头道歉，休息日带着孩子出门还会偶尔被嫌弃婴儿车太碍事。周围的人仿佛都在说："结婚了，也生了孩子，有这样的福气就不要奢求更多了。"女性对此却不能报以任何的不平或不满。

这些女性面对在职场中以成功人士自居、扬言"把家里的事情全部交给妻子打理，你们也可以像我一样成功"的男同事，只能自己在心中默默咒骂。突然想起来今天是某个超市的蔬菜特卖日，为了赶上促销活动而急匆匆地去接孩子，在路上不经意瞥见看上去不到 30 岁的姑娘们在精致的百货商场露台上聚会。她们精心打理过的头发和包裹着身体的精致时装闪闪发光。而自己呢，挑选衣服的要点在于是否能遮住产后发胖的肚子。两相对比，一股焦虑和嫉妒之情悄然上涌。全速踩着载着孩子的自行车大汗淋漓地回到家里，紧接着就要应付孩子的一连串要求："肚子饿啦""东西洒啦""快来给我擦屁股""我想玩游戏"……此时，身心俱疲的妈妈们只想放声大喊："说是胜犬，可我完全没有胜利的心情呀！"

我想，这样疲惫不堪的女性竟然还会被人们称为"胜犬"，即所谓"人生赢家"，是因为大家都认为她们"既结了婚、生了孩子，还拥有工作"。然而，正式工作中会有诸多育儿方面的限制，许多女性由此被逼入"妈妈赛道"，纵是不甘也无济于事（所谓的"妈妈赛道"，是指在职场中进行辅助性工作、无缘升职加薪的岗位）。此外，很多职场妈妈从事的都是非正式工作。"丈夫是正式员工，妻子为了补贴家用而出门打零工"，在这样的前提下，女性只能从事拿着低薪水的工作。

　　这类女性在家中一个人承担了大部分的家务和照顾孩子的责任，但不管她们在家务上多么努力，也不会因此获得升职加薪的机会。换个视角看，大部分所谓的"胜犬"女性，在职场中从事工资低于男性的工作，在家庭里做着免费劳动，承担双份的工作量，每天都要工作十多个小时，仿佛在打黑工。这可以说是个老问题，但同时也是个新问题。

　　时至今日，社会也没有深刻地认识到在这些女性的叹息背后存在的问题，反而认为她们人生圆满，无需多愁善感。掌握媒体的大多是男性，所以育儿与工作的平衡这类切实关乎女性利益的话题很容易就会被无视。

　　本书作者通过观察养育孩子的女性和她们身边的人，在倾听她们心声的基础之上进行了总结，同时也对从事育儿工作的父亲们的情况加以了解。调查对象以居住在东京圈内 30—40 岁的父母为主，书中登场人物的名字皆为化名。作者希望把现有问题通俗易懂地传达出来，所以没有采取研究报告的形式，而是面向更广泛的读者群体来写作。期待各位读者可以一起来关注妈妈们的生存故事。

目　录

第 5 章

职场和上司设下的厚厚的屏障 / 119

给希望了解更多的读者

第 1 章

对生孩子并不
友好的社会

怀孕、分娩→入园→同时兼顾的困难

在我就职的大学中，有位女生曾对我说："我不想妥协，想兼顾工作和育儿两方面。"无关乎对工作的热情程度，这所大学的女生都表现出了一种想要兼顾工作和育儿的倾向。这位女生在得到某大型银行的岗位后也依然这样坚持着。

"希望在30岁之前结婚，第一胎想要一个男孩。在此之前通过人事调动调到有竞争力的大型分行工作。结婚之前都要以升职为目标，一切以事业为重。最好在40岁之前担任要职。第二个孩子想要个女孩。"

她描绘的蓝图会实现吗？不，十有八九是实现不了的。过去10年来，我带的研讨课的毕业生中，还没有一位女生在25—30岁之间结婚生子，30多岁就担任要职。并不是说这位女生的志向特别远大所以实现不了，其他女大学生也同样在考虑如何协调"30岁之前生孩子""休育儿假期"和"继续工作"这些具体的期望和计划。

而一旦询问男生毕业后的人生规划，当问及"想在事业上实现什么"的时候，他们的话总会变得很多：

"希望赴海外任职""想在某某岗位上工作""想变得有

名"……但他们并没有像女生那样具体考虑过如何平衡育儿和工作之间的关系，虽然他们还是理所当然地觉得自己会结婚并且拥有孩子。当我们在每年有数百名学生参与的课堂上进行问卷调查时，约九成的男生回答"希望以后可以结婚并且养育孩子"。

不久的将来，我面前的这些女大学生会因为结婚、怀孕而辛苦不已，直到她们终于生下了第一个孩子，刚刚觉得自己到达了幸福的顶峰，另一个场景便会立刻浮现在眼前：她们为了家务和育儿分工问题和丈夫爆发争吵。现在的年轻一代也必将重蹈上一代人的覆辙。

如今，日本政府正在为一边育儿一边工作的女性提供帮助。女性被建议走这样的一条人生轨迹：趁着还在读大学就开始找工作并且提前确定岗位，22 或 23 岁毕业。由于普遍认为在 30 岁之前生孩子为宜，所以找到工作后到 25 岁之前，她们就要开始寻找合适的结婚对象了。假设 28 岁左右生下第一胎，那么从毕业算起，大约需要 5 年半的时间。如果不小心找错了对象，那么人生规划就此脱轨。30 岁回归职场，工作两三年，在 35 岁成为高龄产妇之前生下第二胎。女性在完成找工作、结婚、怀孕和育儿等一系列任务的同时，为了避免被质疑"女人干不好活"，还必须在要求长时间劳动的职场上像男人一样勤勤恳恳地工作，得到他人的信任。这样一条路，想想就让人觉得疲惫。

有人将这样的人生计划称为"不可能的游戏"。何为不可能的游戏？网上的搜索结果如下：

> 指难度太高、不可能通关的游戏。常常用于形容难以依靠努力通关的情况，比如需要提高操作技能和等级，或者设定中有很大的运气成分，且不能仅仅基于普通思路来玩的游戏。
>
> ——引用自 Keyword Note（http：//kw-note. com/internet-slang/murige/）

这是一个恰如其分的比喻。推荐给女性的人生规划像极了这种"不可能的游戏"。

怀孕和生产难关

上文中的那位女大学生希望在 30 岁之前产下第一胎，但事实上，怀孕、生产的难度都很高。被谁催着"快生孩子快生孩子"当然绝不是一件愉快的事，但如今的社会状况是，女性就算有"想生孩子"的想法也不一定能得偿所愿。

年轻人雇佣的不稳定化、价值观的改变、女性的高学历化和经济能力的提升等多个因素都促进了晚育化的进程。有生育意愿但不得不推迟怀孕和生产计划的女性经常被公共媒体和孕产科医生催促:"一旦过了35岁,卵子老化就不能生育了!"

城市里的不孕不育诊所到处都排着长队。第一次就诊需要等待两个月,就诊当日还需等待好几个小时,这样的情况并非罕见。

就算成功怀孕了,不安也不会消失。该在什么时候告诉同事?能不能申请到育儿假期?工作的分配和交接应该怎么办?会不会因此被上司和同事嫌弃?职业生涯会不会就此终结?——职场中的上司多为男性,寻找可以商量的对象也是一件难事。

如果是大型企业的正式员工,先不论可行性如何,育儿假期等各方面的制度至少是完备的。那么非正式员工呢?如果老板说"希望你辞职"该怎么办?就算被准许休假,在回归职场之前能否顺利找到托儿所?——烦恼无穷无尽。

入园难关

终于生下了孩子,紧接着就要开始寻找托儿所。

在"待机儿童"① 众多的城市地区,能否进入经过认可的托儿所是根据评分来决定的,评分衡量的是人们因为保育而烦恼的程度。不少女性还在孕期就开始寻找托儿所了。

---

① 指那些因托儿所名额有限等原因而迟迟无法入园的婴幼儿。——本书所有脚注均为译者注

据说由于单亲家庭的评分较高，有些夫妻甚至会为了加分而选择暂时离婚，等孩子入园后再见机复婚。一旦在入园选拔中失败，妈妈们只能哭着辞掉工作，或者将孩子送到离家远的托儿所，每天开车或搭乘公共交通接送孩子。

在通勤高峰期抱着孩子或者推着婴儿车挤车是一件难事。2012 年，关于婴儿车的争论一度成了热门话题，关于那些在清晨的通勤电车上推着婴儿车的妈妈，批判方和支持方各执一词，激烈的争论至今仍然令人记忆犹新。批判方的理由是"这样的行为太危险"，其背后隐藏着这样一种价值观：公共场所（即社会上），工作和男性应当优先于育儿和女性。就算供职的大型企业在公司内部设有托儿所，女性如何带着孩子乘坐满员电车去上班也是一个问题。

上司难关

就算孩子得以幸运入园，接下来还要面对接送问题。尽管托儿所的学童托管服务结束时已过下午六七点，但之后仍需要有人来照顾孩子。除了老家有人帮忙和有钱雇保姆的家庭之外，其他父母都必须自己去托儿所接孩子，带孩子一起回家。孩子生急病或有活动的时候更需要临时请假。

然而父母们的上司多为男性，他们的工作大多得到了身为全职主妇的太太的支持。能否在对育儿抱有理解之心的上司手下工作全凭个人运气。如今，信奉"工作第一"、不理解女性员工因为照顾孩子必须早退或请假的上司仍占多数。

而且这样的上司对由于育儿原因而早退、请假的男性部下更为苛刻，总是批评他们"工作上没有干劲"。

即便年轻一代的爸爸们希望更多地参与到育儿中去，但上司的意见在多数情况下都是一大障碍。虽说仍不明显，但在育儿问题上"男性 VS 男性"的对立结构已然产生。对于男性和女性来说，育儿这件事情本身已经成为工作中的一大风险。

"女性育儿"难关

在"男性在外工作，女性负责家务和育儿"的性别角色分工意识非常之强的日本社会，女性一旦有了孩子，往往便被认为不再是"充满干劲的正式员工"，也不再能"全勤工作"。如果是非正式员工，工资更会大幅度下降。就算女性得以以正式员工的身份继续工作，在职场上也会被视为二级战力，与需要担责任的有趣工作和升职机会失去缘分，沦为"妈妈赛道"选手。不论男女，在不受好评的岗位上当然是很难体会到工作价值和成就感的。

就算转为短时间工作，或者换成非正式工作，提早回到家中，还有平均每天 4—5 小时的家务和育儿劳动在等待着她们。孤身一人做饭、替孩子洗澡、哄孩子入睡……在家中无论怎样努力做家务、带孩子，都不会拿到与这些劳动相对应的工资。

在这样的苛刻条件下，大家觉得生下第一胎之后的一年，还有多少女性在继续工作呢？某项研究表明，1940—1970年出生的女性中，仍在工作的只占到25%—30%。其中，作为正式员工工作的仅有10%—15%。换言之，虽然已经进入了21世纪，带孩子的女性继续工作的困难程度跟过去相比却几乎没有改变。另外，作为正式员工继续工作的女性中，大部分从事的都是公务员、教师、医疗专门岗等职场环境稳定、需要资格证书的职业（西村，2014年）。

不管怎样，女性仍在努力地扮演这个游戏的玩家，因为在学校里她们都积累了这样的经验：不管是在学习还是在体育方面，自己付出的努力定然会得到回报。那么这次也是一样，只要努力了就能克服困难。然而一旦踏出校门，她们就会发现自己可能一直要面对不管如何努力都改变不了的现实。在这样的情况下仍然拼命想闯过各种难关的她们，何时才能成为这个游戏的胜者？

不断重复的产后危机

许多女性好不容易渡过了怀孕、生产的难关，刚松了口气，想着"不管怎么样孩子是生下来了",便又迎头遭遇了产后危机。

这是我上大学时候的事了。朋友 A 和男朋友感情极好,在外人面前也一直亲密无间。大学毕业后,两人继续交往多年,直至结婚。A 在 30 岁出头的时候辞了职,辛辛苦苦怀孕,生下了孩子。夫妇二人终于拥有了期盼已久的宝宝,该是一件多么幸福的事啊。然而生完孩子后,我每次见到 A,从她口中听说的都是对丈夫的不满:

"我丈夫那种人,只要负责上班赚钱回家就好了。我只希望能和孩子一起生活。"

不管听 A 讲多少次这种话,我也无法理解为什么她会对曾经深爱的人这般厌恶。现在我明白了,其实这就是所谓的"产后危机"。

产后对丈夫的感情急速冷却

"产后危机"是指生完孩子后夫妇二人对彼此的感情急速冷却的情况。2012 年 9 月,NHK《朝花夕拾》节目曾对此有所提及。

节目介绍了由民间调查机构"倍乐生培养下一代研究所"以300 对夫妇为对象进行的调查。在询问"孩子出生后夫妇间的感情如何变化"这一问题时出现了如下结果:怀孕期间,对于"和配偶在一起时能切实感受到自己正爱着对方"这一问题,不管是丈夫还是妻子，有 74.3％的人都选择了"完全同意"；但是当孩子出生之后，回答"能切实感受到自己正爱着丈夫"的女性比例出现了大幅下降。

孩子刚出生时，给出上述回答的女性比例为 45.5％，孩子 1岁时为 36.8％，2 岁时为 34.0％，跟怀孕期间相比足足下降了 40.3％。另一方面，回答"能切实感受到自己正爱着妻子"的男性比例虽然也在下降，但当孩子 2 岁时仍有 51.7％，和女性相比，其下降的幅度似乎较为缓和。

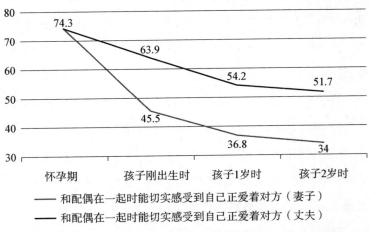

图 1-1　产下第一子后夫妇的感情变化（2006—2009 年纵向调查）

资料来源：《初次怀孕生产育儿的基本调查·跟踪调查》（倍乐生培养下一代研究所，2011 年）

就算生孩子前从不吵架的夫妇也摆脱不了"产后危机"

下面是住在东京市区的绘美女士（化名，后文中的名字也均为化名）的例子。绘美在30多岁的时候生下了第一胎，和丈夫亮（30余岁，公司职员）的感情非常好，从来没有吵过架。怀孕期间虽然也曾听说过"产后危机"，但绘美觉得"这样的事情不会发生在我们身上"。亮在事业上表现出色，充满热情，工作日不到晚上10点不会回家。绘美认为这样的丈夫是值得托付的。

然而产后的情况完全不同了。对于自己曾经觉得可以信赖的丈夫，绘美憋了一肚子火气。她因为照料孩子没法睡觉、疲惫不堪的时候，丈夫却嚷嚷着"上班太累了"，自顾自地开始睡午觉，甚至还会抱怨"孩子吵得我不能在家工作"。两人因为照顾孩子的事情发生争吵的次数也变多了。

有一天，亮甚至在绘美面前扬言："你就是因为管理能力欠缺才照顾不好孩子的。"但照顾孩子和工作完全不一样，所谓的管理能力并不能解决孩子的生理和心理需求，几乎从不照料孩子的丈夫并不理解这一点。绘美感同身受地说："我终于理解为什么有人会说生完孩子之后想离婚了。"

用"日之丸便当"克服危机

为什么会产生所谓的"产后危机"呢？节目里对其原因做出

如下解释：女性对配偶的感情出现急剧下降是日本特有的现象，因为日本男性在家务和育儿方面所花的时间在世界范围内来说也处于最低水平。另一方面，记者太田敏正指出，产后危机是由激素紊乱、身体不适、对于育儿的不安和生活方式的变化等女性身心两方面的各种原因所引起的，是"将夫妇打造成最强搭档的训练"。

川崎市的理惠女士（30多岁）凭借一种方法克服了产后危机。她的丈夫大介在餐饮企业上班，工作十分繁忙。孩子刚出生的一段时间，大介完全不做家务，也不照看孩子。某天半夜，孩子开始哭闹，理惠努力抱哄，但孩子的哭声完全没有停止的意思。这时，理惠听见睡在另外房间的丈夫起来上厕所的声音。这头孩子哭个不停，那头上完厕所的丈夫却匆匆回到房间继续睡觉。理惠觉得"哪有这种道理"，生了好大的气。

第二天早晨，理惠像往常一样给丈夫做了上班带的便当。因为生着气，所以便当盒里是只有米饭和一颗梅子干的日之丸便当，另外还附了一张纸条："我好难过。希望你至少可以安慰我一句。"大介打开便当的一瞬间，强烈的危机感扑面而来。从这之后，他做家务和照料孩子的次数都比以前多了。这全都是托了日之丸便当的福。

产后的怨恨一生难忘

有调查结果显示，"丈夫做家务和育儿的参与度越高，夫妇对于婚姻的满意度越高"，"丈夫做家务和带孩子的时间越长，有第二胎的比例越高"。另外，据说生完孩子后，女性对丈夫的怨恨是一生难忘的。

那么女性为什么会和完全不带孩子的男性结婚生子呢？社会学家山田昌弘将此归因于"工作能力强的男性更受欢迎"，"在社会上成功且工作能力强的男性更容易获得女性青睐"。总之，大部分女性都认为事业有成且收入高的男性更有魅力，因而也就更容易和这类男性恋爱结婚（山田，2016 年）。

然而事业有成的男性大都抱着工作第一的心态，有了孩子之后也不可能立刻改变自己的想法和行为。从女性的角度来看，生孩子之前对方充满魅力的优点此时就变成了缺点。既然这样，那从一开始就喜欢上能帮忙做家务和带孩子的男人而不是只顾着工作的男人不就好了吗？但人的感情往往难以受理性控制。

况且大部分女性在生下第一个孩子之前都无法预料，如果丈夫不帮忙带孩子，自己会作何感想。不到那个时候，谁也没办法知道自己的丈夫在做家务和带孩子上的参与度有多高。

我周围的女性也正一个接一个地陷入产后危机，有些例子甚至叫人惊讶感叹，"某某啊，想不到你也会这样"。现在我身边也有一位朋友正处在分娩前的幸福顶峰。她笑着说："丈夫会和我平等分摊家务和育儿工作的。"我只祈祷她不要也陷入产后危机中去。

很难申请到，申请到了也很麻烦的育儿假

"育儿假怎么过呢?"

不少想申请育儿假的女性会被这么问吧。常被使用的、代替"育儿假"一词的"育儿休假"容易让上司和同事误以为育儿假是一段可以悠然度过的长假。

怀孕中的女性也会对"育儿假"抱有幻想，因为许多面向职场女性的杂志和网站会刊登一些强者在育儿假期间提升技能的经验之谈，比如"通过远程学习考出了资格证书"，"参加了英语会话课"，"提高了 TOEIC（托业）分数"等。

但实际上，若是没有长期雇用保姆所需的收入或者来自老家的帮助，女性是很难这样悠闲地度过育儿假的。和"休假"这个词语所带来的印象恰恰相反，妈妈们的育儿假基本上都是在宝宝意思各异（快来换尿布! 肚子饿啦!）的哇哇大哭中度过的。同时，育儿假还意味着睡眠不足，因为妈妈们必须处于 24 小时随时待命的状态。

仅有三成的妈妈能享受到育儿假

日本厚生劳动省的调查显示，2010 年以来的育儿假享有率，女性约为八到九成，男性为一到三成。从这些数字来看，似乎有很多女性享受到了育儿假。但这个比例是以在职期间分娩的女性为分母进行计算得出的结果，而生孩子前一年还在工作、2010 年成为母亲的女性中，有 54％都在生孩子之前就辞职了。实际情况是，只有三成左右已经生下第一胎的女性享受到了育儿假。[厚生劳动省《第一次 21 世纪新生儿纵向调查（2010 年新生儿）》，2012 年；日本国立社会保障和人口问题研究所《第 15 次出生趋势基本调查》，2016 年]

申请育儿假本身也是一件很困难的事。从制度上来说，根据《育儿和家庭护理休假法》的规定，满足一定条件的男女在孩子 1 岁之前（父母双方都申请到育儿假的情况下，期限可延长至孩子 1 岁零 2 个月前）可以在一定时期内暂停工作。

非正式雇用的女性申请育儿假更是难上加难，因为在孩子 1 岁零 6 个月之前她们并不能保证自己的劳动合同不会失效。除此之外，还要满足许多条件。

而就算满足了这些条件，想要合理利用制度的女性还会顾虑到职场氛围和上司的想法，觉得"育儿假太麻烦了"，从而使休假受阻。

育儿假期间"17 小时连续劳动"

就算幸运地申请到了育儿假，也不可能悠然自得地休息。特别是刚生完孩子的几个月，实际上是妈妈们连轴转的一段时期，与其说是育儿"休假"，还不如说是育儿"劳动"更为恰当。大部分妈妈都承担着比上班更长时间的家务和育儿工作。

住在东京的智子女士（30 余岁）有两个女儿，小的不到 1 岁，大的 3 岁。她的一天从清晨 6 点开始，到深夜 1 点结束，其间一直在无休无止地做家务和带孩子。

首先是起床，给孩子喂奶，开始准备早饭。丈夫吃完早饭后出门上班。智子喂长女吃完早饭，然后进行送她去托儿所的准备工作。由于妹妹刚出生，长女又恰好处在"厌烦期"①，虽然有智子帮着她上厕所、换衣服，但长女却一直喊着"我不要"，导致迟迟无法出门。

从托儿所回到家后，又有大量的待洗衣物在等着智子。洗完衣服紧接着用吸尘器打扫房间，清理浴室和厕所。其间还要分心哄孩子、给孩子喂奶。

到了傍晚，智子抱着孩子出门买晚饭的食材，再从托儿所接回长女，不久又到了做晚饭的时间。长女为了引起妈妈的注意，

---

① 指孩子成长过程中认识到"自己的诉求"后的第一个反抗期。一般来说始于一岁半左右，在两周岁时达到顶峰。

故意跑到厨房撒尿，完全不顾智子"不可以这样"的喊声。碰到这样的情况，低落的情绪瞬间就涌了上来。

晚上 7 点，喂婴儿喝完奶，哄她入睡。8 点，喂长女吃完饭，紧接着就要哄她睡觉。直到晚上 10 点左右，智子都要在卧室内陪着女儿，给她读绘本。

深夜 11 点，丈夫终于回来了。给丈夫热好晚饭，智子才终于可以休息。从清晨 6 点直到现在，大概有 17 个小时都在连轴转。一边吃着冰淇淋，一边放空自己，看电视直到半夜 1 点的这段时间是智子最幸福的时光。但第二天一早 6 点起床后，她又要开始重复一模一样的生活……

智子在公司里担任经理。当被问到工作和休育儿假哪个更累的时候，智子回答："两个都差不多累……"这就是育儿假的真实状况。

育儿"休假"是无休无止的日日劳动

可能大家会觉得将父母倾注了感情抚养孩子的过程称为"劳动"有些奇怪。但是，育儿和家务完全可以被视为一种无法拿到应得报酬的"无偿劳动"。同一个人，如果在外面做保育员照顾孩子的话是可以拿到报酬的，但在家照顾孩子就不能拿到相应的报酬。"育儿假"这个词虽然会让人产生一种"休假"的印象，但实际上父母在休育儿假期间一直在从事某种"劳动"，只是这样的实情似乎并没能得到上司和同事的充分理解。育儿假期间父母对孩子的照顾，并不仅仅是作为父母的一种幸福，同时也是对肩负下一代发展重任的孩子们的培养。这是一件有益于社会的事，大家却会认为申请了"休假"的父母们"给职场带来了麻烦"，这就是令人遗憾的现实。

"四口之家幻想"孕育出的"二胎压力"

伴随着晚育化的趋势，越来越多的人在为迟迟不生第二胎而烦恼。原因之一是第一胎出生时间的延迟继而导致了第二胎预期出生时间的延迟，生育由于年龄渐长而变得困难。现在，4个婴儿中就有1个是由35岁以上的产妇生下的。也有很多女性由于就业不稳定和工作原因推迟生育。虽然女性超过35岁仍然可以顺利受孕，但不可否认，怀孕难的比例也在上升。

独生子女家庭越来越多。孩子的最终人数为1个的夫妇比例，在1980年代至2002年间低于一成，但到了2005年就增加到了两成。然而，1980年代至2015年间，就"理想的孩子人数"进行回答的人当中，约有八九成的回答者都选择了2至3人（日本国立社会保障和人口问题研究所《出生趋势基本调查》）。

如今的日本社会，不管是一直工作也好，生孩子也好，抑或是培养孩子也好，都十分困难。好不容易有了第一个孩子，却又要立刻承受来自周围人的压力："还不生第二胎吗?""独生子女太可怜了。"

无法在职场说出口的不孕不育治疗

　　在 20—40 岁的夫妇中，接受过不孕不育检查和治疗的达到了 1/6。据说两三成的不孕不育患者都面临着无法怀上第二胎的问题。

　　住在横滨市的木村久美子、诚（40 余岁）夫妇一结婚就有了第一个孩子，但不管夫妻俩如何期待，第二胎就是迟迟不肯降临。抱着"想给儿子添个弟弟妹妹"的想法，夫妻俩开始在 35—40 岁期间去不孕不育的专科医院接受体外受精治疗。

　　不孕不育容易被认为是女方的问题，但其实问题出在男方身上的并不在少数。根据世界卫生组织（WHO）的调查，不孕不育的原因仅在于男性的概率为 24％，仅在于女性的概率为 41％，男女双方都有原因的占 24％，另有 11％原因不明的情况。但就体外受精的治疗过程而言，不管不孕不育的原因在于哪一方，都是女性的负担更大。

　　对于忙于工作和带孩子的久美子而言，去医院并非易事。虽说治疗时间因疗法而异，但一般来说，一次体外受精治疗就需要连续5—10天往返医院，而且日程由不得自己安排，去医院的时间须视卵子的发育情况而定。久美子没好意思把自己正在接受不孕不育治疗的事情跟上司和同事们说，于是周围的人便开始对经常临时早退和请假的久美子产生不满："为什么她这么频繁地请假?"

"工作、育儿和治疗"同时进行的痛苦

有时候，久美子一周当中有两三天都要不停往返于家、托儿所、单位和医院之间。下午4点多请假离开单位，匆匆忙忙赶往附近的医院。患者太多了，等上两个小时是家常便饭。如果再被医生告知卵子的发育状态不是很好，久美子的心情就会变得更加低落，压力也会倍增。

就诊结束后紧接着又要赶往车站，在延长看护时间结束之前匆忙赶到托儿所接孩子。回家吃完晚饭，哄儿子睡下之后再收拾家务，到了上床睡觉时已经筋疲力尽。第二天一早还要6点起床准备早饭，为儿子上托儿所和自己上班做准备。

如果突然被医生要求休息日去医院，同时又恰逢丈夫加班的话，久美子还要辛辛苦苦找人替自己照顾孩子。因为有些患者在生第一胎的时候就遇到了不孕不育的问题，医院考虑到他们的心情，故而贴出了这样的告示：

"可以带着孩子来医院的时间仅限于工作日的下午"。

久美子不仅要承受工作、育儿和治疗同时进行的高强度，还背负着沉重的经济负担，可以说是身心俱疲。不孕不育治疗所需的费用非常高昂。NPO 法人 Fine 在 2013 年的调查显示，在治疗不孕不育上的花费超过 100 万日元的回答者占了半数以上。一旦感到气馁想要放弃，久美子又会被"把儿子变成了可怜的独生子女"的罪恶感所折磨。

所谓"两个孩子"的标准看法和偏见

医学和人类学家柘植安昙指出，不孕不育的痛苦并非来自身体，而是来自文化和社会。当今的日本社会存在这样一种"理所当然"的认识，即人到了一定年龄就该结婚，夫妇二人加上两个孩子组成一个标准家庭。一旦不符合这个"一般"模式，便会被周围的人排斥、施加压力。有些人还会因为被贴上"不孕不育"的负面标签而降低自我认同感，为自己作为男性或女性的自我意识而苦恼不已。不孕不育治疗就是解决上述问题的方案之一（柘植，2012 年）。

对于独生子女的偏见与战后开始广泛流行且至今仍根深蒂固的"理想的孩子数量是 2 个以上"这一意识和说法不无关系。到处都可以听到独生子女"任性""没有竞争精神"的说法。但有识之士指出，"仅仅强调兄弟姐妹关系好的一面，将孩子们的发育障碍归因于少子化，这样的说法只不过是对少数派——独生子女群体的偏见而已"，"因为在家家户户都有好几个孩子的年代，这样的说辞更迎合人们的想法"。

实际上，大部分研究都否定了所谓"独生子女任性"的说法。有研究显示，在"协调性""社交性"和"领导力"方面，独生子女和非独生子女之间不存在显著差异。

现实生活中的家庭形式正日趋多样化。即便如此，夫妇二人和有血缘关系的两个孩子构成的标准家庭似乎仍被视为"理所应当的模式"。但其实，不管是独生子女家庭还是丁克家庭，都可以体验到不同的经历，他们的人生都应该是精彩纷呈的。

专栏 **电视剧《逃避虽可耻但有用》和对爱情的剥削**

2016 年播出的电视剧《逃避虽可耻但有用》成了一大社会现象。原作是海野津美的连载漫画。10 月初第 1 集的收视率为 10.2%，其后节节攀升，12 月播出的第 11 集大结局更是创下了 20.8% 的收视纪录（视频研究·关东地区平均值）。剧终后热度不减，甚至出现了"逃耻丧"这样的词。到底是什么打动了观众的心呢？

该剧的主人公是遭到了派遣裁员的 25 岁女性森山实栗（新垣结衣饰），在某个契机下受雇作为"家务代理"住进 35 岁的男性津崎平匡（星野源饰）的家中。毕业于京都大学、在 IT 公司工作的平匡恋爱经验为零。电视剧描绘了平匡作为雇主、实栗作为雇员的"协议结婚"，但二人逐渐演变为真正的恋爱关系，平匡还向实栗求婚了。

求婚的契机居然是裁员。失去工作的平匡认为，只要解除和实栗的雇佣关系，两人成为法律意义上的夫妻，那么自己就无需再支付原本应该付给实栗的工资，这部分钱就可以存起来以备将来之需了。

平匡：结婚应该更加合理才对。

实栗：结了婚就可以不付工资，让我白干活，所以合理……？

平匡：你是不想跟我结婚吗？不喜欢我吗？

实栗：这是对喜欢的剥削。只要喜欢，只要爱就可以做任何事……这样真的好吗？我，森山实栗，坚决反对对喜欢的剥削！

面对平匡的求婚，实栗将把婚后家务变成无偿劳动这一过程控诉为"对喜欢的剥削""对感情的剥削"。

实栗的感受其实在半个世纪前的日本就已经被提出了。20 世纪 60 年代初期，有人这样质问："主妇做的家务明明很有用，为什么无法产生价值（无法用来交换金钱)?" 这一质问引起了诸多争论，被称为"第二次主妇论战"，在当时得到了许多主妇的支持和共鸣。

以"爱"为名的无偿劳动

实栗反对无偿做饭和打扫卫生，认为这是"对感情的剥削"。我在就职的大学让几百名学生写下对这部剧的观后感，发现男生和女生的看法大相径庭。一部分男生提出了批判：

"如果真的喜欢一个人，就应该为他做家务。难道就这么爱钱吗?"

"总觉得'剥削'这个词太过分了。如果别人这样说我的话，我一定很震惊。"

"不明白为什么做家务要有报酬。明明可以拿到丈夫的工资嘛。"

他们怀着一颗怦怦跳的心幻想着，一位充满魅力的年轻女性跌落到毫无女人缘的普通男人怀中，悉心照顾他，最终发展为恋爱关系。虽然我很想戳穿他们的美梦，告诉他们现实中不可能存在这样天上掉馅饼的事情，但他们还是开心地嚷嚷着："Gakki（新垣结衣）实在是太可爱啦!"因此，当看起来非常完美的求婚被批判为"对感情的剥削"时，他们才会觉得和剧中男主人公想法一致的自己也受到了轻微的攻击吧。

社会学家上野千鹤子指出，这样的"爱"其实是"女性将丈夫的目的视为自己的目的，以此来发挥自身能量的一种意识形态"。女性赋予"爱"以高价值，认为就算是无偿的家务劳动也可以通过"家人的理解"和"丈夫的慰劳"而获得回报。女性以"爱"的名义进行烹饪、打扫、洗涤等无偿劳动，并且认为如果自己不这样做，就会被其他人所取代（上野，1990 年）。

女生虽然不是通过阅读来获得这些认知的，但她们也隐约意识到了"爱"在试图提出一些什么要求。相比于那些主张"既然有爱，女性就应该做家务和带孩子"的男生，她们对于"爱"的理解要更为严格。

"只要有爱就能克服任何困难，但不可能一直如此。钱还是必要的。"

"与其说平匡对实栗的喜欢之情占了更多，还不如说他庆幸自己不用再付钱的心情占了更多吧。"

"全职主妇一年到头都没法休息，一直在从事无偿劳动，这样的工作也太黑心了。"

20 岁左右的她们还没有过承担家务的经验，更多会受到来自母亲的影响。她们的母亲都是年过 50 的"均等法①世代""泡沫世代",大多数人在就职后都经历了结婚生子→全职主妇→兼职主妇的人生。虽然母亲们对于自己的人生感到"满足""不后悔",但对女儿又是这么说的:

"就算结婚了也还是应该继续工作。现在这个年代就是这样的。"

"我希望你结婚生子,也希望你能下定决心继续工作并从中得到充实感。"

这些女生的母亲虽然没有否定自己的人生,但还是期待自己的女儿可以继续工作。

上野认为,母亲觉得否定自己的人生是不能原谅的,所以才抱着这样一种矛盾心理,将自己的期待原原本本地施加在女儿身上。正因为母亲一边说着"女人应该结婚生子",一边又说"要有自己的事业",女儿才会在人格尚未成熟时就接受了这样的经验之谈(上野、信田,2004 年)。对于孝顺的女生们来说,就算自己从母亲的期待中感受到了压力,也会希望能实现把自己抚养长大的妈妈的愿望吧。

《逃避虽可耻但有用》通过娱乐的形式,在现代社会的语境下

---

① 即《男女雇佣机会均等法》,于 1986 年实施。目的是促进男女平等就业,有效发挥职业妇女的能力,协调家庭生活和职业生活。

直截了当地提出了因爱之名的无偿劳动问题。这一问题和女性的人生息息相关，因此这部剧才能跨越各个年龄层，在观众的心里引起关注和共鸣。

给希望了解更多的读者①

家务和育儿是劳动吗？

做家务和带孩子都属于劳动，而且是得不到报酬的劳动，所以也被称为"无偿劳动""无报酬劳动"。在外从事餐饮工作可以得到报酬，但在家给家人做饭却不行。

原因何在呢？我们无法根据做饭这项工作的内容来区分它是否属于家务范畴。比如，在附近的副食店买来的土豆沙拉和自己在家里亲手做的土豆沙拉，两者的口味可能不同，但"制作土豆沙拉"这项工作的内容却是一样的。决定性的差异在于在外面做菜有报酬，而在家做菜没有报酬。

过去，很多食物都是在家进行生产、加工和消费的。随着工业化和城市化的发展，从前在家制作的食物开始在外生产和买卖。进入近代社会以来，市场化飞速发展，工作被清晰地划分为"可以进行交易的工作"和"不能进行交易的工作"两大类。因此，在所有劳动类型中，尚未被市场化的工作就作为"家务"诞生了（落合，1994年）。

上述观点都通过"家务劳动论战"得到了辩明。日本曾在20世纪60年代初期爆发过"第二次主妇论战"，又名"家务劳动论战"，主妇们质问道："我们所做的家务活明明很有用，为什么无法产生价值（无法用来交换金钱）？"（妙木，2009年）。20世纪70年代的欧美，以英国为中心爆发的家务劳动讨论也曾一度兴盛。意大利还曾兴起过"请付工资给家务劳动"的运动。

这里存在的重要问题在于，有报酬的工作被分配给男性，没有报酬的工作却被分配给女性。这就是所谓的性别角色分工，即"男性在外赚钱，女性在家做家务、带孩子"。就算是餐饮这一行，在外拿工资的厨师中男性也占了绝大多数，但在家给家人做饭的却始终以女性为主。

女性为了家庭做家务、带孩子，却被揶揄为家务活就是"三餐加午睡"。社会学者仁平典宏认为，女性默默支持在职场上劳动的丈夫，培养出将来要进入社会工作的孩子，这些绝对不是对社会没有益处的工作。那么，社会为何会给予家庭劳动以低评价呢？这是因为拥有报酬的有偿劳动已经在人类的劳动范畴中占据了至高无上的地位。无偿劳动并不是因为没有价值而无法变为有偿劳动，反之，正是由于无偿劳动没有报酬，才会被定性成没有价值的劳动。正所谓"劳动的王国即有偿劳动的王国"，限制住我们的，是正规有偿劳动的地位要高于无偿劳动的等级制度（仁平，2011 年）。

第 2 章

自封奶爸问题

父亲们到底是"不带孩子"还是"没有能力带孩子"

如今的育儿一代已经广泛接受了父亲也要"带孩子"的想法。即便如此，日本男性做家务和带孩子的时间在发达国家中仍处于最低水平。

周末经常能看见父亲们推着婴儿车，在公园里陪孩子玩耍。在很多调查问卷中，也有越来越多的父亲表示"相比于工作，还是希望优先家庭"，"父亲也应该承担育儿责任"。

但令人感到不可思议的是，从20世纪90年代到现在，父亲们做家务和带孩子的时间几乎没有增加。根据日本政府组织的调查，家有6岁以下孩子的父母花在做家务和带孩子上的时间，母亲约为一天6小时（夫妻双方都工作的情况下），或者一天9小时（妻子是家庭主妇的情况下），但父亲只有1个小时左右。而北欧、美国的父亲们每天会花费3个小时甚至更长时间在家务和育儿上。

此外，虽然是根据平均值计算的，但在家有6岁以下孩子且夫妻双方都工作的情况下，有80％的父亲平时不做家务，70％的父亲不带孩子，参与育儿的父亲只占到总数的30％（日本总务省《2011年社会生活基本调查》）。

日本父亲不做家务的理由被归因为工作时间长。那么，一旦有了时间，父亲们就会积极地做家务、带孩子吗？

宁愿陪孩子玩也不愿照顾孩子的父亲们

　　社会学者松田茂树将带孩子这一行为分为"陪孩子玩耍"和"照顾孩子"进行分析，并得出了有趣的结果。在父亲的工作时间相对较短的情况下，他们"陪孩子玩耍"的次数虽然增加了，但替孩子做饭、清洗衣物等"照顾孩子"的次数却未见增加（松田，2006 年）。

　　现实中经常听说这样的例子。拓也（30 余岁，公司职员）是 1 岁儿子的父亲，由于积极参与孩子的活动而被周围的人称为"奶爸"。但问及在家带孩子有多辛苦时，他却是这么回答的：

　　"我不会帮孩子换尿布什么的。这些都是妻子的事情，我全权交给她。"

　　拓也微笑着说出这样的话时，一旁的妻子露出了略显为难的表情。

　　淳（40 余岁，公司职员）有一个 2 岁的女儿，平时负责送她去托儿所，周末陪着一起玩。妻子友美（30 余岁，公司职员）在一家中小型公司当销售。把这些事情交给丈夫去做，友美感到有些抱歉，于是和公司商量好每天都准时下班。平时去托儿所接孩子、准备晚饭、清洗衣物和照料孩子都是友美一个人搞定的。

友美上下班路上要花很长时间，每天都很累，所以也会偶尔拜托丈夫，希望他能够早点下班回家帮忙做做家务，带带孩子。

但是丈夫却说"做家务和带孩子我可做不好，工作就没问题，所以更想在事业上多多努力"，以此为由拒绝了友美的请求。

几次拜托丈夫帮忙不成，友美对淳的不信任感日益加深。

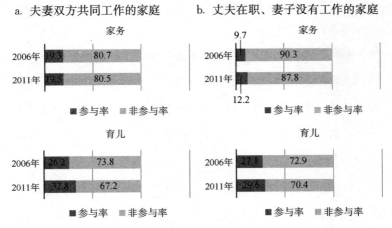

图 2-1　有 6 岁以下子女的父亲在家务和育儿事务上的参与率

附注：
1. 基于日本总务省《社会生活基本调查》制作。
2. 调查目标为子女年龄在 6 岁以下的家庭中丈夫平均每天的家务（包括"家务"和"育儿"）参与率（一周平均）。
   ● 参与率 = 采取该种行为的人的比例（%）
   ● 非参与率 = 100% - 参与率
3. 本调查以 15 分钟为单位进行家务行为的报告，因此可能有短时间的行为未计人其中。

"家务是单纯的劳动，育儿则是娱乐活动"

父亲对待家务的态度更为消极。在社会学家大和礼子的调查中可以发现，父亲"更想跟孩子一起玩但不想做家务"，倾向于觉得"家务就算做了也得不到回报""只是单纯的劳动而已"。

另一方面，做家务常常会和"太女人气"这样的评价联系在一起，这也是母亲主动承担家务的原因之一，虽然也并不是说女性生来就更擅长做家务。

相比于做家务，父亲在带孩子这件事情上的积极性更高，这是因为他们倾向于认为自己的主要职责在于赚钱，育儿则是一种娱乐活动。实际上，当父亲说到"带孩子"这个词时，大部分情况下指的并不是照顾孩子，而是陪孩子玩耍（大和、斧出、木胁，2008 年）。

许多调查都表明，那些带孩子的父亲虽然经常陪孩子一起玩耍，却几乎不会照顾孩子。也就是说，他们就算有空闲时间，也不一定会更多地把时间用在替孩子做饭、清洗衣物或者换尿布这些事情上。

众所周知，男性的育儿参与度会影响出生率。在瑞典和美国等出生率高的国家，父亲照顾孩子的比例远远高于日本（详情请参照第 4 章的专栏《国外的育儿现状》）。

既做家务又带孩子的 "超级爸爸" 的窘境

上文写道，日本的父亲虽然会陪孩子一起玩耍，却少有照顾孩子的，这其中的理由已然明了。

A（30 余岁，男性）在房地产公司上班。妻子兼职打工，孩子 4 岁。A 每天都要加班，回到家差不多已经是夜里 10 点了，所以平时完全不会做家务也不带孩子。夫妻俩虽然有时也会为此吵架，但妻子终归没有办法。

决定父亲是否做家务、带孩子的因素大致可以分为三类。首先，要视父母二人所处的 "状况" 而定。父亲的工作时间长是原因之一，另外还有母亲的工作时间短、住在附近的祖父母可以帮忙带孩子等因素，这些都导致了父亲在家务和育儿上的低参与度。其次，父母二人的收入也影响着家务和育儿责任的分担。最后，影响家庭内部责任分工的还有意识（大和、斧出、木胁，2008 年）。

既会做家务又会照顾孩子的父亲

B（30 余岁，男性）在出版社上班，妻子在全职的专门岗位上工作，孩子 3 岁。B 的加班状况和上文的 A 差不多。但 B 和 A 不同，他替妻子分担了更多的家务和育儿工作。每天早上 B 负责洗碗、做早饭、喂孩子吃饭，再把孩子送到托儿所，有时间的话还会把衣服扔进洗衣机洗好晾好再出门。妻子则负责傍晚去接孩子、买东西、做晚饭以及照顾孩子吃饭。

周末，B不仅负责照顾孩子，还会和妻子轮流准备中饭和晚饭，每天都累得不行，甚至连去理发店剪头发的时间都没有。为什么B会负责这么多家务和育儿工作呢？这是因为妻子的收入和B平分秋色。

父母双方中，收入和学历更高的一方在有关家务和育儿的职责讨论中可以占据更强势的立场。大多数情况下，由于父亲的收入更高，母亲在家务和育儿上的负担就会增加。但如果像B的例子一样，母亲有能力取得足够的收入，父亲的育儿职责也更容易增加。

也就是说，如果父亲是家庭收入的主要来源，那么相对于父亲而言收入更少的母亲便需要承担更多的家务和育儿工作。一旦两人的收入变成同一水平，父亲的职责比例就很容易增加了。

那么，父亲的收入在母亲之下会是什么情况呢？"赚钱"是传统观念中男性特质的一大要素，所以此时情况会变得更加复杂。虽然能接受"主夫"职能的男性越来越多，但也有一部分比妻子赚得少的男性为了维持"一家之主"的地位和尊严，反而更不做家务，也不带孩子。妻子为了避免破坏夫妻关系，也只能一边工作，一边揽下照顾丈夫、孩子的所有事情。

"男人赚钱"的既定思维

有说法认为，"男人负责在外赚钱养家，女人负责做家务带孩子"的性别分工意识越强，父亲就更不容易参与到家务和育儿中去。

虽然如今的父母一辈中，有许多男性都认为父亲也应该参与到育儿中去，但为什么还是有那么多父亲对育儿的事情撒手不管呢？

社会学家小笠原佑子就这个问题做出了解释："性别分工意识非常多元且复杂。"也就是说，就算人们接受了"男人在家带孩子""女人在外赚钱"这种新的分工，也无法从传统的"男主外，女主内"的既定思维中解放出来（小笠原，2009 年）。

即使是平时不做家务也不带孩子的 A，其实也没有强烈地认为男人就应该在外工作，女人就应该在家带孩子。他也和很多同时代的年轻人一样，赞成男性育儿和女性在职场上的活跃。

但与此同时，"男人出人头地至关重要"这个传统观念也被深刻地内化了。为了不在出人头地的队伍中掉队，男人们只能自顾自地前进，加班加点工作，结果就是育儿和家务的重担都落到了妻子一人身上。相同情况的家庭不在少数。

被分裂的"超级爸爸"

随着工作方式变得多样化，也出现了这样一些父亲：他们申请了育儿假，为了照顾家庭而换工作，或者放弃了能够出人头地的调动机会。也就是说，父亲是有可能凭本人的意愿来改变工作时间长这一"现状"的。但大部分父亲还是过着以工作为中心的生活，这是因为"男人就应该在外赚钱""男人必须出人头地"之类的传统观念影响根深蒂固，导致他们无法主动减少自己的工作量。

在美国，工作和育儿两方面都做得很好的母亲被称为"超级妈妈"，那么，勤勤恳恳工作的同时也在带孩子的 B 就是所谓的"超级爸爸"了（小笠原，2009 年）。

然而，B 对自己现在的生活感到疲惫，最近正打算向出版社申请减少工作量，但目睹同期进社的同事们在工作上取得的成就，又不由得产生了"想在一线努力工作"的念头。参与带孩子的愿望和不想在职场竞争中认输、不想被看作"不成器"的人之间的矛盾心情，使 B 陷入了两难境地。

日本的大部分企业都强制核心员工无休无止地工作，采取内部竞争的人事机制。一旦这种制度和"男人味＝出人头地"的既定思维紧密结合在一起，就必然导致许多男性加班晚归甚至回不了家，参与做家务和带孩子的难度也变得更大。在现有的价值观和由其引导的工作方式下，想要父亲担负起育儿的责任无疑是难上加难。

有着强烈做家务意愿的男性是如何巧妙逃避家务的

日本男性做家务和带孩子的时间在发达国家中处于最低水平。2013 年进行的一项调查显示，妻子的家务分工比例是 85％，而丈夫只有 15％。即便双方都有全职工作，仍有近一半家庭 80％以上的家务是由妻子承担的。在夫妻二人全职工作的家庭中，调查得出了每周做一次以上家务的丈夫的比例。按照家务类型划分：

扔垃圾：53％　　饭后收拾：45％　　洗衣服：41％

买东西：40％　　清洗浴缸：39％　　做饭：30％

打扫房间：29％

（日本国立社会保障和人口问题研究所《第 5 次全国家庭趋势调查》2015 年）

半数以上的丈夫每周至少会扔一次垃圾。在双方都工作的家庭中，只有 30％的丈夫会做饭、打扫卫生，而仅有 40％的丈夫会做一些诸如洗衣服、买东西、清洗浴缸之类的家务。

帮忙做家务的意愿很强烈却不做家务，这是为何？

内阁府《关于促进女性活跃的民意调查》（2014年）显示，60岁以下男性中约有60%认为"男性也要做家务和带孩子，这是理所应当的"。其他调查中也可以看到，大多数男性都赞成这一观点。既然他们的意愿如此强烈，为什么仍有一大半男性几乎不做家务呢？

加州大学伯克利分校的名誉教授亚莉·霍奇查尔德（Arlie Russell Hochschild）开展了名为"第二班"（The Second Shift）的著名研究。她用10年左右的时间追踪并研究了50对共同工作的夫妇，发现夫妻双方在诉诸言语的"相信的东西"和"实际上体会到的东西"之间存在着矛盾。

换言之，就算是那些平时说着"妻子也工作是好事""男性确实应该参与家务和育儿"的男性，他们心底仍然认为自己为了家庭已经在努力工作了，不想再带孩子，甚至对热心工作的妻子心怀不满。

男性逃避家务的各种策略

对于不积极做家务和带孩子的丈夫，全职工作的妻子总会多多少少施加一些压力。根据霍奇查尔德教授的研究，丈夫们在这种时候总会下意识或无意识地采取以下策略：

● 寻找一些并非是真实想法的借口

一些男性认为做家务主要是女性的职责，内心不想失去自己受妻子照顾的"特权"，但他们不会将这些真实想法说出来，而是用另一些诸如"我工作要来不及了""工作压力太大"等理由来逃避家务。此外，甚至还有一部分男性声称"我又不是专门被培养来做家务的"。

● 充当特定家务的专门负责人

"我来照顾狗""我负责洗车和打扫车内卫生"，许多男性将自己的责任范围限定在一两件特定的家务活上，并且用要负责这一两件家务为由来逃避其他的无数家务。他们为自己挑选的分工，除了刻不容缓的做饭等家务之外，多是一些与自己爱好相近的事情（喜欢车就选与车相关的），或者是一些时间可控的事情。

● 坚持主张削减家务量

当妻子提出"可以帮忙做饭吗""可以熨一下衬衫吗"的请求时，许多男性会说"不必吃得太精致，不如我们出去吃吧"，"我穿有褶的衬衫也无所谓的，不熨了吧"。对于一些原本有必要做的家务，他们也主张省去，从而逃避承担自己可能需要承担的责任。

● 故意以家中顶梁柱自居

也有一些丈夫为了维持自己"家中顶梁柱"的地位和尊严，坚持不做家务、不带孩子。这种情况下，妻子为了不破坏夫妻关系，只能一边工作，一边承担起照顾孩子和丈夫的责任。

据说，很多丈夫在被要求做家务时的第一反应就是采取上述或抵抗、或回避的战略。

不管是在日本还是美国，家务活的分工都偏向于女性。其实这并不仅仅由男性的意识导致，女性的想法也是原因之一。丈夫一旦替自己分担了一点家务或育儿工作，妻子就会满足地觉得"我们家丈夫好歹比别家强多了"。或者出于"吵架实在是太累了"的想法，干脆自己把家务全包了。

掩盖家务分工不公平性的"家庭神话"

一边工作一边做家务带孩子的母亲们为了改变家庭分工，也采取了各种各样的方法。以下是面向女性读者的媒体上常常介绍的方法：

● 夸奖

"爸爸做的咖喱饭比妈妈做的好吃吧!""果然工作能力强的

人，做家务也很棒呢"，女性通过表扬丈夫的方式来让他们充满干劲。

● 将自己做的事情可视化

通过图或者一览表实现家务和育儿分工情况的可视化，做到一目了然，让丈夫明白自己承担了多少家务。经常可以听到妻子们使用这一方法的成功经验，相比从前，丈夫做的家务更多了，夫妻双方也学会了合作（参见第 176 页）。

但另一方面，也有一些男性过于"一根筋"。即便夫妻二人都在全职工作，仍然坚持认为做家务和带孩子都是女人的事情。和这样的人是无法直接沟通的，这时候女性便会采取下列间接策略：

● 假装无能

平时妻子会先向丈夫表明"不愿让男人来做家务"。在这个前提下，假装自己"打扫卫生不在行""重的东西搬不动""不擅长算账"，把打扫卫生、买东西、计算每月开销之类的事情都拜托给丈夫去做。丈夫对妻子"假装的无能"浑然不觉，也愿意去帮忙，渐渐地就开始分担家务和育儿工作了。

- 装病

妻子先声称家里的所有事情交给自己做就好，在丈夫面前表现出辛苦劳动的样子，再假装自己"太累了""身体不舒服"而卧病在床。她们给自己找的理由不会是什么有具体病名的严重病症，而是类似于头疼、背疼、腰疼等小病。这个时候丈夫就会为了帮助"娇弱的"妻子而着手做家务、带孩子。

- 拒绝性生活

在丈夫没有帮忙做家务或者带孩子的那天夜里，妻子会故意找理由拒绝性生活，比如"一天到晚都忙着照顾孩子和做家务，一点力气也没有，今天做不了了"。

放弃寻求丈夫帮助的妻子会选择减轻自己的负担

用尽一切办法也没能成功、无从寻求丈夫帮忙的妻子会怎么做呢？一些女性会选择减轻自己的负担：

- 减少工作时间——减少花在工作上的时间和热情，选择短时间工作或者不指望事业发展的"妈妈赛道"。
- 减少花在家庭上的时间——减少花在照顾丈夫和陪伴孩子上的时间。
- 依靠外界帮助——寻求家政、保姆服务或者老一辈人的帮助。

也有选择把一切都往自己身上揽的女性,即勤恳完成工作,家务和育儿也一并承担的"超级妈妈"。事实上,拥有"做家务和带孩子都是女人的职责"这样的传统价值观的女性更容易成为"超级妈妈"。

被女性当作救命稻草的"家庭神话"

霍奇查尔德教授发现,苦于丈夫不替自己分担家务和育儿的女性,会为了避免夫妻关系紧张而无意识地制造出一种模糊和淡化最重要事实的现实认知。这被称为家庭神话。

在夫妻双方都工作的情况下,妻子面对在家务和育儿上撒手不管的丈夫,对于要求对方帮忙这件事情本身已经筋疲力尽了。于是,就算丈夫平时只负责扔扔垃圾、周末陪孩子玩耍,妻子也只能自己脑补出"丈夫早上和周末都替我分担了家务活,也帮我带了孩子,我们之间已经形成了平等分工"这类神话,并且迫使自己去相信它。

换言之,所谓的"家庭神话",就是女性为了避免围绕家务所产生的痛苦纠葛和离婚的不幸结局而故意美化现实的举动。

在日本,拥有 6 岁以下孩子的家庭花在家务和育儿上的时间,在夫妻双方都工作的情况下，母亲约为一天 6 小时，而父亲只有短短的 1 小时。而且这只是平均值，如图 2 - 1 所示，实际上 70％ 的父亲平时基本不带孩子，80％ 的父亲平时基本不做家务（总务省《2011 年社会生活基本调查》）。

相对国外而言，日本妻子的家务负担更重，形成了不公平的家庭分工。社会学家不破麻纪子主持的国际比较调查显示，日本女性在这样的现状下对于家务分工仍然很难产生不公平的感觉。因为一旦身边的女性都承担了大部分家务，那么作为妻子，总觉得自己做家务也是理所当然的。她们会认为"虽然每天做家务很辛苦，但大家都做，我也没什么办法"。这种情况下，就算她们处于长时间劳动的状态也好，抑或是高学历女性也罢，都很难产生不公平感。而据说在男女家务分工更加平等的欧美各国，女性更容易对分工感到不满（不破、筒井，2010 年）。

日本家庭中存在无数家庭神话，而且人们对它们的信任有增无减。

女性对标榜热心育儿的"自封奶爸"感到窝火的理由

在媒体上可以看到围绕着"奶爸"的各种议论。2016 年，宫崎谦介前议员由于希望申请为期一个月的育儿假期而被称为"奶爸议员"，引起了广泛的社会关注。但令人遗憾的是，他在妻子怀孕住院期间出轨了其他女性，受到了大众的批判，最后引咎辞职。

诞下四子的模特中林美和的丈夫是音乐家 Zeebra，他以热衷于育儿而为人称道，但中林女士曾经在推特上吐露心声：

"不管是做家务还是带孩子，百分之百都是我在做，同时还要兼顾工作。偶尔拜托丈夫照顾孩子，他还会因为找不到体温计而冲我发火。"

"表面工作做得太好，让我感到恶心。"

这些心声引起了母亲们的共鸣。

在面向女性的媒体上也出现了"自封奶爸""伪奶爸""是奶爸才怪""模仿奶爸"等词语，女性群体对于"奶爸"的批判日益增多。为什么"奶爸"这个词会引起女性如此大的反感呢？

"表面奶爸"并不能帮女性减轻家务和育儿的负担

原因之一在于女性逐渐意识到，"奶爸"这个词虽然对于一部分男性来说是正面的，但并不能减轻她们自己做家务和带孩子的负担。

纯子（30 余岁，公司职员）便是其中一员。纯子一边工作，一边照顾一对儿女。丈夫龙也（30 余岁，公司职员）积极参加托儿所的活动，被周围的人冠以"奶爸"的美名。

但事实是龙也信奉"工作第一"原则，总是在不断地加班、出差，家务和育儿的事情一股脑交给纯子去做。而当纯子提出希望他多多参与育儿时，龙也是这么回答的：

"我工作已经够忙了，平时也会帮你丢丢垃圾。为什么这样还要被你抱怨？"

某天，托儿所打电话给纯子，说孩子发烧了要立刻去接。当时纯子正在参加一个特别重要的会议，于是只能打电话给龙也："这个会我实在抽不开身，拜托你去接一下孩子。"谁曾想龙也扔下一句"我也去不了"，就干脆利落地挂断了电话。

纯子基于自身的经历，自然只能认为那些自称"奶爸"的男性实际上根本就没有承担育儿工作。

"奶爸宣传"的背后是妻子的献身

在东京从事促进女性活跃相关活动的香织（30 余岁，集团员工）认识一位"奶爸"X（30 余岁，男性），对他抱有一种复杂的看法。

X 一边在专门岗位上工作，一边标榜自己是"奶爸"，不仅担任自治体的成员，发表演说，还频繁在媒体上亮相，可谓出尽风头。不管工作日晚上的自治体会议，还是节假日的演说，都能看到 X 的身影。

但香织了解这背后的事实真相。X作为"奶爸"在公开场合大出风头的同时，他的妻子几乎承担了所有的家务和育儿工作，默默支持着X的"奶爸活动"。

有一次，在一场关于育儿的活动上，香织和X坐在了同一桌。每当X就育儿问题发言的时候，参加活动的年长女性便一个劲儿地称赞"真厉害啊"。然而，轮到工作和育儿兼顾的香织或者别的女性发言的时候，却绝对得不到这样的评价。

虽说X的"奶爸活动"可能会给社会带来有益影响，但他妻子的家务和育儿负担却依然沉重。不知为何，香织对于这个矛盾一直感到有些不痛快。

父亲理所应当要负责带孩子的那天会不会来临？

"奶爸"这个词是博报堂的艺术总监丸田昌哉想出来的。博报堂的男性员工在2006年集体开设名为"奶爸俱乐部"的主页，发表了"带孩子的男性最帅"的宣言。2010年，时任厚生劳动部部长的长妻昭在国会发言上提出"想把奶爸这个词发扬光大"，于是"奶爸"便在全日本流行开来（石井，2013年）。

后来确实也出现了一些承担大部分家务和育儿责任的男性。在"男性要以事业为重"这一价值观根深蒂固的日本社会，传递"男性也应积极参与育儿"观念的"奶爸"便显得尤为重要。然而一项调查显示，30 多岁的男性平时做家务（包括照顾孩子在内）的时间，2010 年是 45 分钟，到了 2015 年反而减少到了 44 分钟（NHK 广播文化研究所《国民生活时间调查》）。至于男性的育儿假期申请成功率，2010 年是 1.4%，2016 年是 3.2%，增长幅度极小。

在这 6 年间，与"奶爸"一词的迅速流行相比，育儿一代的男性花在做家务和带孩子上的时间并没有得到相应的增加。根据上述调查，30 多岁女性做家务的时间在 2010 年是 5 小时 23 分钟，2015 年则是 5 小时 29 分钟，女性的分工占比远远高于男性。日常生活中越来越多地能够听到"奶爸"或者"奶爸宣传"这样的词，但母亲们的辛苦程度却丝毫没有降低。正因如此，"奶爸"才很容易引起网络吐槽。

"奶爸"一词终于深入人心，不过下一阶段男性真正的育儿行为到底会不会增加呢？今后，女性长时间劳动的状况能否得到改善，父亲们能否理所应当地担负起育儿责任，这些问题的肯定回答才是"奶爸"一词的真正价值所在。

专栏 丈夫真的是因为工作而不在家吗？

"对不起，今天因为工作要晚回家了，你先睡吧。"

这个世界上的男性，不管是工作日还是休息日，总在忙于工作。他们会说，其实是想回家照看孩子的，却因为可恶的公司而回不了家。

大家对于这种经常能够听到的话都深信不疑吗？我是对此抱有怀疑的。

当然，有些男性确实是真心希望早点回家帮忙做家务带孩子的，却被强迫留在公司加班。这样的人如果可以早回家，必然会帮忙照看孩子的吧。确实也有不少男性会选择调整工作，早点回家帮妻子的忙。

"在家很辛苦，在公司却可以放松"的颠倒现象

部分男性虽然实际上多多少少可以努力调整一下工作时间，但他们的真实想法却是与其回家带孩子，还不如去工作，于是选择继续留在公司。至于"工作更好"的理由，据说有好几个，比如"工作更轻松""工作更有价值"等。

这些并不是我的臆想。霍奇查尔德教授所著的著名研究报告《时间困境》（The Time Bind）一书于 2012 年在日本发售。书中明确写道，美国某大型企业的员工一边说着"家庭第一"，一边却在没完没了地加班。因为回家做家务、带孩子实在辛苦，还会因此和妻子吵架，与其这样还不如留在公司更开心。在夫妻双方都工作的这一代人当中，存在着一种"在家很辛苦，在公司却可以

放松"的家庭与公司之间的颠倒现象。

工作结束后仍然留在公司的丈夫是怎么想的？

在日本也可以看到与美国相似的情况。比如公司职员山口彩香和丈夫崇（30余岁）的例子。从孩子出生起，崇虽然一直表现出带孩子的干劲儿，却毫不分担育儿工作的实际行动。两人属于职场结婚，在同一家公司工作。崇每天早上7点离开家前往公司，直到晚上10点左右才回来，周六也经常加班，总是不在家。

关于丈夫的表现，彩香说："虽然我拜托过他调整一下工作节奏，他的回答却是'我是真的没有时间休息'。但在我们公司，如果你周六还加班的话，平时是完全可以早点下班的。"

彩香推测，丈夫明明可以调整工作时间，却超出必要地待在公司里。而她之所以能够作此判断，是因为两人同属一家公司。

有些男性以工作为借口来逃避照顾孩子的责任。孩子明明这么可爱，为什么他们仍然不愿意照顾孩子呢？这真是一个令人感到疑惑的问题。顺便一提，在同样发生了家庭和工作颠倒现象的美国，有数据显示，父亲一天约有3小时花在做家务和带孩子上。与之对应的是，在夫妻双方都工作的日本家庭中，仍然分别有70％和80％的父亲几乎从来不带孩子、不做家务。

社会学家筒井淳也指出，在日本，即便是夫妻二人上班时间相差无几的双职工家庭，妻子每周做家务的时间仍然比丈夫多出10 小时。"和欧美国家的男性相比，日本男性不做家务是理所当然的。因为他们的工作时间长，就算想帮妻子的忙也是有心无力"，这种经常可以听到的说法在统计学上其实是站不住脚的（筒井，2015 年）。日本父亲到底为何不愿意照顾自己的孩子，这个谜团真是越来越大了呢。

那些称呼自己的妻子为"妈妈"① 的男性是怎么想的？

如上文所述，男性不参与育儿的理由除了工作时间长之外，还包括有没有来自老家的帮助、工资多少、男性的"工作第一"原则，等等。此外还会受到"家务和育儿都是女性的职责"这类观念的影响。就个人意见而言，我认为男性在妻子身上寻求"母亲"的角色也是理由之一。

比如 2016 年，模特中林美和在推特上就家务和育儿分工连续发表了几条直指丈夫 Zeebra 的抱怨。她写道：

"丈夫嘴上说着喜欢小孩，实际上却完全没有尽到照顾孩子的

---

① 日本的一部分男性在结婚生子后会称呼自己的妻子为"孩子他妈（お母さん）"。而这里的原文是妈妈的另一种更随意的说法"ママ"，儿童多这样称呼自己的母亲。作者认为日本男性选择如此称呼自己的妻子，是他们在妻子身上寻求"母性"的表现。

责任，一旦孩子出现任何问题就怪到我头上。作为一个母亲，我每天都面临无数难题，很多时候都希望丈夫可以陪陪自己。但无论如何都说不出口，只能一个人默默扛着。"

就在舆论纷纷同情美和、网络上开始热议此事的时候，说唱歌手 Zeebra 在推特上隔空喊话妻子：

"妈妈！推特实在是太麻烦了！呜呜给我想想办法吧！"

Zeebra 的这种行为已经足以说明两人的关系了吧。丈夫们活像惹母亲生气的儿子一样。事实上，不仅仅是 Zeebra，日本还有很多男性称呼他们的妻子为"妈妈"。

不是"丈夫"，也不是"父亲"，而是"巨婴"

在令众多日本女性憧憬的法国，女性婚后也会一直被作为女人来看待，和丈夫共享二人时间是理所当然的。而在日本，就像主持人塔摩利所说："家庭中没有工作和性。"调查结果显示，日本有 50% 的夫妻处于缺少性生活的状态。

一些日本男人总是有意无意地在妻子身上寻求"母亲"的角色。因为母亲理应做饭给自己吃，而自己稍微帮点忙就能得到夸奖。这样的男人称不上"丈夫"，也称不上"父亲"，只是一个"巨婴"罢了。他们在妻子面前表现得跟"长子"一样。一旦妻子不做饭就开始闹别扭，觉得"为什么妻子不再无偿地爱我了呢"。

很多母亲都是这样把儿子养大的。对于妻子来说，有时候也会一边觉得"真没办法啊"，一边笃信着女性的职责，勤勤恳恳地照顾丈夫。

如果能早点回家，男人就会照顾孩子了吗？

在以男性为主要受众的媒体上经常能够看见这样的论调："长时间劳动是无法提高男性育儿参与度的原因。"而"男性也应该尽可能地调整工作时间，参与到育儿中去"的主张一旦出现，很多男性就会做出如此反应："话是这么说，不过职场环境若是不改变的话，我们也毫无办法呀。"通过改革工作方式来改善长时间劳动的现状确实非常重要，但只要这样做就可以促使男人积极做家务、带孩子了吗？我并不这么认为。

有些男人不是在工作结束后还留在公司，下班后继续喝酒聚餐，不断推迟回家时间吗？这样的人就算早到家了也不会认认真真照顾孩子的。事实上，也经常能够听到这样的例子，有些男人就算不用加班、和妻子的收入比例不变、对于工作也无甚热情，但仍然会对家务和育儿工作撒手不管。

想必很多女性也已经渐渐意识到，自己的丈夫所说的"对不起，今天加班，要晚点回家了"的托词背后，隐藏的潜台词却是"照顾孩子是母亲的责任"。

日本的公司为什么需要加班？

为什么日本的爸爸们总是不回家？据说在北欧和法国，父亲们可以和孩子们一起吃晚饭。

其中的主要原因是日本正式员工的工作方式。劳动法专家滨口桂一郎把日本企业的工作方式称为"会员制"。在这样的环境中，员工首先作为公司的一分子而存在，员工与工作的关系被设为尽量可以自由调整的状态。这种工作方式规定，在公司内部，工作内容、工作时间、工作地点都不受限制。"无限制"的工作和调动方式使得长期雇佣和相对高的工资成为可能。不过也正因如此，员工就算每天加班也必须满足公司的要求。

与之相对的是欧洲企业，它们的工作方式被称为"店铺制"，即先规定具体的工作，再分配到每个人头上。自己的工作和别人的工作得以明确地区分开来，而不像日本的企业那样，做完自己的事情之后还要给别人帮忙。也不存在全体员工在工作做完之前集体留下来加班的情况（滨口，2013 年）。

而且欧盟国家的加班时间很短，每个月的上限是 32 小时。父亲们可以每天 7 点左右回家，陪孩子一起吃饭。日本一边宣扬要进行"工作方式改革"，一边又允许忙季的加班时间最高可达每月 100 小时。按照每月 100 小时的加班时间计算，每天需要加班 5 小时，已经达到导致过劳死的程度了。

　　在日本，仍然有意见认为限制长时间劳动会阻碍经济发展。然而，就每小时的劳动生产率（单位：美元）进行比较的话，2015 年法国 66 美元、意大利 66 美元、英国 52 美元，而日本只有 42 美元（公益财团法人日本生产率总部《劳动生产率的国际比较，2016 年版》）。很明显，现在已经到了一个提高单位时间生产率、缩短劳动时间的时代了。最终加班时间应该显著低于每月 60 小时。把加班时间缩短到每月至多 45 小时之后，父亲们平时分担育儿工作会变得更加容易，也可以有更多的时间和孩子们待在一起了。

　　希望位于立法前线的国会议员们不光优先考虑企业和经营者的利益，也要考虑到父亲们参与育儿所需的生活时间，从而决定加班时间的上限。

第 3 章

寂寞的孤身育儿

发高烧也不能休息："孤身育儿"的残酷日常

　　大约是在 2014 年，某牛肉盖浇饭连锁店的店员长时间没有休息，一个人包揽了清扫、烹饪、采购等所有工作，问题曝光后，"孤身劳动"得到了全社会的关注。事实上，母亲们养育孩子的困境和黑心企业员工的"孤身劳动"一模一样，因此在以网络为中心的妈妈圈子中，"孤身育儿"这个词语开始得到使用。

　　根据笔者的调查，"孤身育儿"一词公开出现在推特上的时间是 2014 年 8 月，来自养育孩子的父母的抱怨，而这正好也是牛肉盖浇饭连锁店的"孤身劳动"成为社会问题的时间。2014 年，推特上还只能找到 5 条相关推文。到了 2015 年，"孤身育儿"一词开始出现在全职母亲的个人博客上，2016 年则在网络媒体报道，如 NPO 认证法人 Florence① 的代表驹崎弘树的推文等各个角落里都可以看到。

　　同年 9 月，在《每日新闻》网站收费经济版的"育儿幸存战"专栏中，我以"孤身育儿"为主题，围绕其定义和残酷性写了一篇报道（《发高烧也不能休息，"孤身育儿"的残酷日

---

① 致力于解决孩子相关社会问题的 NPO 法人组织。

常》，2016 年 9 月 16 日）。该报道在雅虎新闻的综合访问排行榜上跻身第一，引起了超乎意料的巨大反响。此后，随着《朝日新闻》（《丈夫不在，"孤身育儿"的我无处求援》，2016 年 12 月 3 日）和《每日新闻》（《2017 年新词和流行语大赏的有力候选?!"孤身育儿"与"黑心丈夫"》，2017 年 2 月 3 日）上相关报道的发表，"孤身育儿"一词变得广为人知，在电视节目上也被提及。

综上所述，"孤身育儿"一词并不是依靠特定的企业或政府机关进行传播的，而是父母作为当事者，从社会现象中汲取灵感创造出来的词汇，进而通过媒体得到了广泛传播。

丈夫赴外地工作后，育儿和工作的重担便转移到了妻子肩上

实际上，不管是父亲加班晚归的家庭也好，单亲家庭也罢，母亲是全职主妇也好，职场女性也罢，在日本，孤身育儿的母亲比比皆是。近来夫妻双方都工作的家庭中这样的例子越来越多，丈夫被调去外地，导致妻子不得不开始孤身育儿。

在东京工作的渡边麻美（30 余岁，公务员）生儿子的时候，丈夫直树（公司职员）在关西上班。虽然休产假期间两人是住在一起的，但丈夫回归职场后，麻美便开始了她辛苦的孤身育儿生活。老家太远，父母帮不上忙，她又没有足够的时间去搜寻可靠

的育儿援助信息并办理相关手续。

每天早上5点，麻美在睡眠严重不足的状态下起床。趁着1岁的儿子还在睡觉，完成洗漱和上班的准备工作。一旦儿子醒来，自己的事情便要全部推后。给孩子做早饭、喂饭、换尿布、量体温、换衣服，忙个不停。

麻美一边留意着儿子没有乱喝什么东西、不会从什么地方掉下来，确保他时刻在自己的视线范围之内，一边化妆换衣服，在这期间甚至连洗手间都去不了。

紧接着，她一边根据工作的进度准备相应的文件，一边把儿子的换洗衣物、尿布和联络本放进上托儿所用的书包里，准备好之后便推着婴儿车出门。由于需要准备的东西太多，发现忘带东西后匆忙跑回去取导致上班差点迟到也是家常便饭。

到了托儿所，飞速整理好换洗衣物，安慰一下哭泣的儿子便满头大汗地冲向车站。被上下班高峰的人群拥挤着去单位。到了单位之后，同事提醒她：

"你的衣服穿反了哦。"

一旦开始孤身育儿，发型和服装都会变得乱七八糟。

就算发着40℃高烧也得做家务带孩子

下午6点左右，麻美离开单位去托儿所接孩子。虽然工作已经让她筋疲力尽了，但还要一边哄住孩子看电视，一边准备晚饭，替孩子洗完澡之后哄他入睡。最后才轮到自己洗漱和准备第二天的工作，一直要马不停蹄忙到深夜。

儿子经常因为托儿所的集体生活而染上疾病。被儿子传染了感冒的麻美高烧将近 40℃ 也不能躺下休息，还要拖着昏昏沉沉的身体给儿子喂饭，哄他睡觉。儿子半夜醒来，把晚饭时喝的粥一股脑儿吐在了床上。虽然麻美眼疾手快接住了，但又不能离开号啕大哭的儿子去清洗，只能忍受着浑身上下的呕吐物和儿子一起哭。无人伸出援手的孤身育儿实在是太孤独了。

单位并不会为"职场妻子"考虑

麻美在单位所做的工作和男性员工基本相同，但大部分男性员工都能得到作为全职主妇的妻子的支持，麻美却是孤身一人。过度劳累让她在工作中不断出错，有一次甚至忘记了自己负责的会议，临时爽约而被一顿痛骂。同事对麻美不满，麻美的精神和身体都到达了极限。

丈夫直树向上司说明了妻子的情况，希望能把自己调到距离更近、方便与妻子共同居住的分店或者岗位上。没想到，他的下一个调动地点是东海地区，虽说相比之前变近了，但并没有近到能够和妻子共同居住。直树的上司是这么对他说的：

"东京圈里的任何一个岗位都有很多一边带孩子一边上班的女性，公司里排队等着调职的女员工也不在少数。这种情况下，公司是不可能优先满足妻子也在全职工作的男性的调职申请的。既然是家庭的问题，希望你们可以自己解决。"

职场妈妈背负着"工作＋家务＋育儿"的沉重负担

就像麻美一样，在外工作的母亲们一边工作，一边承担着绝大部分家务，劳动负荷几乎是黑心企业式的。随着夫妻双方都工作的情况的增加，这样的母亲也在变多。

根据国家的调查，在日本，全职主妇式家庭和双方都工作的家庭数量在 20 世纪 90 年代完成了逆转，后者的数量超越了前者。2015 年，夫妻双方都工作的家庭数量为 1 114 万个，全职主妇家庭数量为 687 万个。虽然双方同时工作的夫妻越来越多，但日常几乎不带孩子、不做家务的男性占比仍然分别达到了 70％和 80％。

此外，即使是夫妻双方都工作的家庭，一旦丈夫调职去了外地，妻子每天就只能一个人照料家事。想必至少在孩子还小时，不管男性还是女性都希望选择无需调职的工作，但在 2012 年，和丈夫分居、一个人生活的职场女性数量达到了 194 400 人，和 2002 年的 118 500 人相比出现了明显的增长（总务省《就业结构基本调查》）。这个统计数据中也包含了调职到外地的女性。

再者，单亲家庭的数量也在增加。2011 年，单身母亲家庭的数量达到了 124 万个，近 1983 年的两倍。在这些家庭成为单身母亲家庭时的孩子的年龄也在下滑，家中最小的孩子平均年龄为 4.7 岁（厚生劳动省《全国单身母亲家庭调查》）。这就意味着不得不一个人赚钱养家的单亲妈妈们的负担变得更重了。

　　然而，私人家政服务并未得到推广。根据经济产业省的调查，由于价格太高等缘故，家政服务的使用者比例仅为 2%。

全职主妇寂寞的"孤身育儿"

　　不光是职场妈妈，全职主妇群体中也越来越多地出现了"孤身育儿太辛苦了"的声音。住在武藏野市的瞳（30 余岁，全职主妇）每天都是一个人在抚养 1 岁的孩子。丈夫（30 余岁，公司职员）每天半夜 12 点左右才到家，就连周末也出门加班。就算偶尔在家，他也只是蒙头睡觉，换尿布、做家务这些事情一概撒手不管。

　　不仅如此，瞳还是随丈夫调职来的外地人，在如今居住的地方没有任何亲戚朋友。加上她原本就是个害羞的人，很少主动跟公园里遇到的其他妈妈搭讪。寂寞是寂寞，但反正大约 3 年之后又要跟着调职的丈夫搬家，就算自己努力交到了很多同为妈妈的朋友，最后也只是徒劳。瞳每天就这样想着，在没有任何帮助和鼓励的情况下带着孩子一起过着孤独和不安的生活。

住在东京市中心的裕美（30 余岁，全职主妇）有一个刚出生的孩子。丈夫（30 余岁，公司职员）时时以工作为重，平时不到晚上 10 点是不会回家的，当然更不会帮忙带孩子。只要裕美一向丈夫提出希望他能够偶尔早点回家帮忙的请求，丈夫就会说："我想专心工作，带孩子的事情就交给你吧。我父亲当年也没带过孩子，全是我妈妈一个人带的，我想裕美你也能办得到的吧。"

被这样一说，裕美便因此经常陷入怪循环：一会儿拿自己跟丈夫的母亲比较，觉得"自己是个没用的母亲"，感到失望丧气；一会儿又气丈夫毫不帮忙。但不管怎么沮丧、怎么生气，辛苦都不会因此减少半分。这难道只是裕美自己的问题吗？

和过去相比的不同之处——育儿是否变得更加孤独不安？

实际上，有数据显示，和裕美的婆婆带孩子的那个年代相比，如今工作日加班的男性比例出现了增长。工作日工作时间长达 10 小时以上的全职男性比例从 1981 年的 19.9％增加到了 2011 年的 43.7％（黑田，2013 年）。

而家中最小的孩子年龄在 3 岁以下、妈妈是全职主妇的家庭中，2011 年，丈夫在工作日的平均到家时间是晚上 8 点 44 分，相比 2006 年晚了 27 分钟。其中，40％的丈夫回家时间晚于晚上 9

点。（总务省《2011 年社会生活基本调查》）

除了丈夫的晚归，育儿网络的弱化也加深了全职主妇精神上的疲惫和孤立感。晚婚化使得母亲们的年龄差异更大，对于高于平均年龄的、35 岁以上的妈妈们来说，交到可以交流育儿问题的朋友似乎变得更加困难了（松田，2008 年）。再者，随着推婴儿车乘坐电车被指责为"给人添麻烦的行为"，社会看待母亲的目光也变得愈加苛刻。

为什么"孤身育儿"一词可以引起共鸣？

尽管生活方式各不相同，但为什么不论是夫妻双方都工作的家庭还是全职主妇，抑或是单亲家庭，都会对"孤身育儿"一词产生共鸣？这似乎与新自由主义进程中"自我责任"思想的泛滥有关。"贫困是自己的责任"，"育儿也应当是母亲和家庭的责任"，一旦想寻求别人的帮助便立刻被批判成"娇气"。许多人因此而感到孤独，即使内心渴望得到别人的帮忙，最终也只能依靠自己。正是因为置身于这样的环境之下，描述独自一人从事黑心企业式劳动的"孤身育儿"一词才能在大多数人心中引发共鸣吧。

全职主妇对育儿感到不安的理由

"现代性育儿在结构层面上极易引起育儿的不安。"

社会学家落合惠美子在 20 多年前就提出了这个看法。

原因之一在于"缺少父亲的协助"。丈夫疲于工作，下班回来后把所有育儿相关的事情都推到妻子身上。另一个理由则是"母亲自身狭窄的社会关系网"。和过去相比，不仅能帮忙带孩子的人变少了，母亲自身和其他人之间的关系连接也在变少。

过去，日本的女性在农户或个体经营户中同家人一起劳作，而从战后到 20 世纪 70 年代中期，全职主妇的人数不断增加。同一时期，"女性就该负责做家务和带孩子"的既有观念也得到了广泛传播。进入经济高速发展期后，全职主妇的"大众化"进程加快，她们失去了来自家人的育儿支持和关系网络，不安感逐渐加深。落合指出：

"不管在什么时代，都不可能单凭'家庭'这一单元来独立抚养孩子。孩子们总是在由邻居阿姨、亲戚叔叔、玩伴和学校等各式各样的角色构成的关系网络中成长起来的"（落合，

1994 年)。

从之前的数据中可以看出,最近的妈妈们越来越难以在育儿中得到来自丈夫和邻居们的帮助了。全职主妇原本就容易因为育儿工作本身的孤独性质陷入不安,再加上社会的变化,育儿可能会变得愈发孤立无援。

非正式工作状态下单亲妈妈的现状

在孤身一人照顾孩子的母亲中,时间和金钱方面困难最大的代表应该就是单亲妈妈了吧。虽然单身母亲家庭中 80.6％的单亲妈妈都有工作,但其中正式职员的比例只有 39.4％,兼职、打工、派遣职员等非正式雇用则占到了 52.1％(《2011 年全国单身母亲家庭等的调查》)。单亲妈妈们必须一个人担负起养育孩子的重任,但和所有的女性劳动者一样,她们当中非正式工作者的比例更高。

"带孩子的女性请投递 100 家公司的简历"

这句话对于高学历女性也同样适用。伊藤沙织(30 余岁)从某所很难考上的大学毕业后,以正式员工的身份供职于某家企业。20 多岁的时候结了婚,生了女儿,然而丈夫完全不替她分担家务和育儿。因为无法满足工作所必需的加班要求，她开始重新寻找工作。

也就在这时，沙织和丈夫的关系彻底冷却，两人决定离婚。从今往后，她必须一个人工作赚钱抚养孩子。

沙织在求职服务机构注册的时候，负责人对她说："你有孩子，又不是应届生，这样的条件下换工作实在是很困难。请投递100家公司的简历吧。"

最后，沙织作为合同工被O公司的事务岗聘用。明明只是合同工，却每天都要义务加班，工作量非常大。

突然传来的解雇通知

在一个人完成工作的同时，沙织既要去托儿所接送孩子，又要照顾孩子和做家务，总是从早忙到晚，累得不行。好几次几乎都要因为过劳而倒下了，但因为公司说她有转正机会，所以沙织还是坚持加班加点完成工作。她承担的工作量和正式员工相差无几，年收入却不及正式员工的二分之一，连300万日元（约合人民币20万元——编者注）都不到。

某天，包括沙织在内的几名女性非正式员工突然收到了人事部发来的解雇通知。虽然向上司和人事部提出了抗议，但最后也只能不了了之。不仅转正机会化为泡影，就连工作都丢了，在这样的压力下，沙织的身体终于崩溃了。

没办法，沙织只得重新开始找工作，还去了公共职业介绍所，然而这次却找不到能够让她一边照顾孩子、一边赚钱养活自己和孩子的工作了。

沙织本打算找一份专业岗位的工作。她曾经考虑过去具有医疗方面资格的专科学校上学，却负担不起课程费和上学期间的生活费。想要上学，就必须从现在开始再以非正式员工的身份工作一年，存下足够的钱才行。沙织陷入了一个找不到新工作、想上学钱又不够的四面楚歌的境地。

百般无奈下，沙织只能同时打两份事务岗位的工，暂时凑合过着。打工每小时的报酬是 1 200 日元，每月实际收入十几万日元。虽然这点钱很难支撑生计，但沙织却不能有一句怨言。

"想让女儿得到足够的教育，就必须存够她到大学毕业为止的教育费用。我只能努力找到可以长期工作的稳定职位。"

整体来看，单亲家庭的经济情况不容乐观，贫困率达到了50.8%。日本的这一数据在经济合作与发展组织（OECD）各国中是最高的。单身母亲家庭中母亲的平均年收入为 223 万日元。

对于单亲妈妈来说，一边带孩子一边作为正式员工从事需要加班的工作是非常困难的，而通过非应届渠道找到不需要加班、相对轻松的正式职位也同样困难。她们只能从事非正式工作，所以更容易陷入贫困。

女性承担育儿工作的内在机制

那么，为什么大部分女性即便对育儿感到疲惫，却仍然不放弃这份责任呢？离婚后，一旦孩子归自己抚养就容易陷入贫困，但她们依然选择继续照顾孩子。即便在夫妻双方都全职工作的情况下，母亲照顾孩子的时间也远远长于父亲。

究其原因，有意见认为这是因为女性更容易受到所谓"母性"神话的限制。社会学家江原由美子是这样批判上述意见的：

> 相较于男性，女性确实会更加倾向于"积极地"承担照顾孩子的责任。但是，认为这一倾向就等同于"总之女性就是喜欢带孩子、做家务""这只是女性实现自身价值的一种替代性做法而已"的想法，就算在某种程度上是合理的，我仍然会认为它是对主动承担育儿工作的女性的侮辱。对于一直由自己负责的育儿工作，女性具备的知识更丰富，责任感也更强。如果不能确定孩子不再由自己照顾之后会是什么情况，她们便不能放心地把这件事交给别人来做。

负责育儿的女性在照顾孩子的过程中学到了很多，如对于孩子来说什么是好的，什么又是不好的，这就导致了女性相较于男性更能认识到育儿工作的必要性。因此，她们就无法简简单单地因为"不想做就不做"而不再承担育儿职责。一旦她们看不到孩子们被照顾得妥妥帖帖，就会觉得"那就只能自己来了"。

但这并不意味着女性自己就希望这样。她们作为一个个独立的个体，有自己更想做的事情也是正常的，只是因为她们深刻体会到了育儿工作的必要性，才不得不暂时搁置自己想做的事情（江原，1991 年）。

事实上，很多女性也有"想积累工作经验""想和朋友聚会""想去喝酒"的愿望，偶尔还会产生"想要逃避"的念头，但她们只能一边压抑着这些愿望，一边肩负起育儿的责任。仅凭对于孩子的喜爱是不足以支撑这样的重担的。我认为江原的观点实实在在地反映了女性的现实情况。

"不想跟着丈夫回老家"：妻子的烦心事和真心话

盂兰盆节或春节假期来临之际，有很多女性都在心里默默叹气。观光省开展的《高峰期观光客的动态掌握调查》（2010 年）表明，约有 40% 的回答者表示"如果可能的话，不希望回老家"。其中最大的理由是道路拥堵，但紧随其后的理由还包括：不想见到自己的父母和亲戚（29%）、不想见到配偶的父母和亲戚（25.9%）。

女性一旦过了 30 岁还没有结婚，回到老家便会被父母絮叨："怎么还不结婚？""快点让我抱上孙子。"她们自然对老家敬而远之。

而一旦结婚，妻子的活动清单里便会出现"回丈夫老家"这一项。对此，每年抱着期待心情的人有之，为了盂兰盆节或春节假期感到烦恼的人亦有之。

女性在探亲高峰期的新干线上就已经筋疲力尽了

阳子（30 余岁，公司职员）和丈夫都是关西人，定居东京。每逢盂兰盆节和年底，便要轮流去自己或者丈夫的老家探亲。今年的盂兰盆节，两人计划回丈夫的老家，但还未出发，阳子的心情就已经开始沉重了。

要回老家，先要带着 4 岁和不到 1 岁的两个孩子坐上拥挤的探亲高峰期新干线，行程长达 3 个多小时。最近时常听到关于高峰时段"婴儿车争论"的消息，带着孩子出门成了一种心理压力。在满座的东海道新干线车厢内，连一辆折叠婴儿车都很难放得下，4 岁的女儿又总是无休无止地说话，阳子必须不停地说"轻一点"

"嘘"，来制止她发出太大的声音。

一旦婴儿开始哭闹，阳子就必须立刻带着装有尿布和奶瓶的母婴包来到车厢连接处哄着，但那里已经站满了人。

"啊，怎么办……"

即便是这样的时候，丈夫依然只专注于看杂志、玩手机，从不主动来帮阳子的忙。明明平时总是得意扬扬地吹嘘自己在公司是一个多么会察言观色的人才，这种时候却无动于衷。忍无可忍的阳子拜托丈夫："真是的，你也来搭把手呀！"得到的回答却是："我昨天工作到很晚，现在特别累……"

"我才是每天既要工作又要带孩子忙个不停好吗？"阳子只能在心里反驳，还没等回到老家，就已经筋疲力尽了。

婆婆对于在外工作的儿媳妇很有意见

住在横滨市的惠美（40余岁，教师）每年都会带着两个孩子回位于九州的丈夫老家探亲，但从某一年开始就干脆不去了。

丈夫的老家在被山和农田环绕的九州岛北部农村，是一个还保留着古老习俗的地方，惠美每次回去探亲都会被作为"长子的媳妇"看待。探亲期间，住在同县的丈夫姐姐一家也会过来。婆婆和女儿关系亲密，每天都一起给大家做晚饭。惠美虽然也会帮忙，但婆婆和姐姐在做菜的方式和调味上要求甚多，她只能一边留意着二人的举动看需不需要帮忙，一边不停说着"对不起""谢谢"。丈夫却只在一旁无所事事。惠美不住地看表，满心期望时间能过得快一点。

　　婆婆年轻时工作过一段时间，婚后就成了全职主妇。她对于婚后还继续工作的惠美似乎抱有不满，在管教孩子和做家务的话题上，总拿同为全职主妇的女儿与儿媳妇进行比较，明里暗里讽刺惠美："你一定是因为工作太忙了吧。"

　　然而就算惠美觉得委屈，向丈夫倾诉，丈夫除了"嗯嗯"地敷衍几句之外也没有任何行动。惠美终于忍无可忍，决定再也不回丈夫的老家了。那年之后，便只有丈夫带着两个孩子回去探亲了，关于惠美回家探亲的话题在夫妻二人之间成了禁语。

盂兰盆节休假有时比工作还累

　　在外工作的妈妈们每天在工作和育儿之间来回奔忙，劳累困顿之极，难免盼着至少在假期里可以稍微放松一下身心。

　　其实只要丈夫能够主动帮忙，或者和婆家的关系比较融洽，对于回家探亲的期待就会更高。然而家人有时也可能成为压力的来源，一部分人仍会因为休假探亲而体会到不必要的疲惫。

　　就算是带着家人回自己的娘家探亲，妻子也不希望丈夫认为这对她来说就意味着休息了。其实就跟在公司上班的时候一样，女性仍然需要照料孩子，同时还要照顾到家人，花心思和他们沟通。

"妻子的献身"对于获得诺贝尔奖来说一定是不可或缺的吗？

那些信奉工作至上的男人的妻子最容易陷入孤身育儿的困境，而在激烈的竞争中脱颖而出的诺贝尔奖获得者的妻子，就是其中最典型的例子。

2016年，诺贝尔生理学或医学奖由东京工业大学名誉教授大隅良典获得。其妻子万里子是帝京科学大学的教授，和丈夫同为学者。两人在东京大学攻读研究生学位时相识，学生时代就结了婚。万里子一边照顾两个儿子，一边协助丈夫的研究工作，于公于私都是丈夫的得力伙伴。

大隅在记者见面会上回顾研究生涯时说："（我）可能称不上是一个合格的丈夫。"他从早到晚埋首研究，回到家已是深夜，孩子们小的时候几乎没有面对面和他一起玩耍过。

2015年获得诺贝尔生理学或医学奖的大村智博士也对妻子的付出表达了感谢："我完全没能顾得上家庭，一直沉浸于研究之中。我的妻子见我如此，一直努力支持着我。"

妻子支持丈夫获得诺贝尔奖的故事每一年都在传播。据报道，2015 年获得诺贝尔物理学奖的梶田隆章博士说："我每天只忙着搞研究，我的妻子却容忍并且原谅了我。"2014 年获得诺贝尔物理学奖的天野浩博士说："我是一个极不合格的父亲，我的妻子是我精神上的支撑。"培育出能够获得诺贝尔奖的研究成果是极其困难的，夫妻二人同心协力、最终达成目标，的确让人尊敬。

获得诺贝尔奖一定需要来自妻子的支持吗？

话虽如此，为什么获得诺贝尔奖的日本科学家都是男性呢？

原因之一在于理科学生中女性的比例较低（女生在研究生中的比例为理科 22.2％，工科 12.3％）（文部科学省《2016 年学校基本调查》）。

此外，各国女性占研究者总数的比例，美国是 34.3％，英国 38.1％，而日本只有 14.7％。

更进一步来说，在"家务和育儿都是女性的职责"的观念根深蒂固的日本社会，丈夫的工作更需要得到妻子的全方位支持也是原因之一。在这样的背景下，女性研究者想要拿出和男性同等的业绩十分困难。除了不生孩子，或者寻找不计付出且能包揽家务和育儿的配偶之外没有其他办法。事实上做到这几点都是极其困难的。

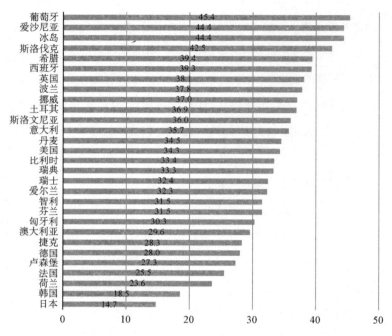

图 3-1　国际社会女性研究者所占比例的比较（单位：%）

附注：

1. 依据总务省《科学基础研究调查》（2015 年）、经合组织《主要科技指数》、美国国家科学基金会《2016 年科技指数》制作。
2. 日本的数值为 2015 年 3 月 31 日的数值。斯洛伐克、土耳其、智利和韩国为 2014 年的数值，瑞士为 2012 年的数值，其他国家为 2013 年的数值。含推测值和暂定值。
3. 美国的数值为被雇用的科学家（scientists）中女性的比例（包括一部分人文科学及社会科学）。将技术人员（engineers）也包含在内的情况下，女性科学家和技术人员占总人数的比例为 29％。

如果继续以"男主外、女主内"的工作方式为前提，再怎么高呼"理科女"，再怎么增加理科女生的人数，赢得竞争、获得荣誉的也永远只会是男性。至于女性研究者获得诺贝尔奖的可能性，也只能停留在极低的水平吧。

男性社会中的媒体将"妻子的支持"乔装成美谈

所谓"诺贝尔奖获得者的妻子在背后默默支持"的美谈，本来就是通过约见获奖者及其妻子进行采访提问，再将获得的信息加工成新闻进行传播的。

女性记者和女性编辑的人数虽然都在增加，但电视、报纸、杂志等媒体至今仍然是以加班不回家为男性气概之象征的男性环境。大部分媒体从业者也是在家人的支持下才得以长时间工作的（林、谷冈，2013 年），因此他们也更容易把诺贝尔奖获得者妻子的劳动和支持视为一种美谈。

和"妻子的支持"相关的新闻传播得越多，人们就越容易把它当作理所当然。媒体在性别角色分工的标准化过程中确实发挥了作用。

支持丈夫工作的妻子内心也存在深刻的矛盾

也有观点认为，妻子们自身应该不断进步，同时支持优秀丈夫的工作，但我认为这其中存在着矛盾和冲突。美国社会学家霍奇查尔德明确指出，许多妻子在面对家务和育儿的分工时存在着纠结和矛盾心理。对于丈夫完全不做家务、不带孩子的重要事实，妻子们往往选择将其模糊化，以避免离婚之类的不幸结局。这样的认知被称为"家庭神话"，对此我们已在本书的第 2 章论述过，日本的夫妻也存在同样的倾向。

每年诺贝尔奖公布获奖者名单的时候，丈夫得奖，妻子便随之得到"获奖者的妻子"这样的荣誉。在隆重的颁奖礼上召开的记者见面会现场，夫妻二人分享喜悦的画面着实令人动容。但在这一切的背后，妻子长年经受的挣扎、自身事业遭受的挫折和所谓的"家庭神话"不是仍然存在吗？

研究者的工作方式完全可以改变

上一代的许多男性研究者依靠妻子给予的家务、育儿方面的支持，得以专心搞科研，从严苛的竞争中脱颖而出。但我希望，今后成功人士的范本不再是以家人的全面支持为前提、加班加点工作，而是可以依靠革新的工作方式。

只要国家或大学为研究者配备更多的科研助手，他们的个人工作时间就可以缩短。此外，还可以通过提供家务和育儿援助服务来减轻女性的负担。同时，改变男性研究者和配偶的观念也是十分必要的。

大隅的获奖见面会上，一同出席的万里子发表了一番送给有志成为研究者的年轻女性的赠言，给我留下了深刻的印象。

"虽然（我）年轻气盛的时候匆匆结了婚，但仍然有一段时间是可以随心所欲尽情学习的。现在回想起来，如果当时自己认真学习了，之后的人生一定会呈现出完全不同的面貌。我放弃了深造，但我希望年轻的女性如有机会一定要继续工作，尽力去实现自己的幸福。现在这样的女性越来越多了，我对此抱着期待。"

给希望了解更多的读者④

为什么非正式工作的工资低？

为什么非正式工作的工资低？在欧洲，非正式工作的工资是正式工作的 80％，而日本只有 60％。

日本社会中，"日本式雇佣惯例"（终身雇佣、年功序列）和"男性收入者家庭形式"已经渐渐成为范式。正式员工的工资高、非正式员工的工资低也已经成为常识。正式员工的存在是以非正式员工的存在为前提的，经营状况不好时，企业可以不再跟非正式员工续约而直接解雇他们。另外，由正式员工和非正式员工组成的雇佣结构和性别角色分工意识——"男性在外赚钱，女性在家做家务、带孩子"又是紧密联系在一起的。赚钱养家的是身为正式员工的丈夫，因此工资必须高。兼职主妇的工资只是用来补贴家用的，所以低一些也无妨（远藤，2010 年）。

然而，如今这种关系已经无法成立了，因为不得不担起养家重任的非正式员工变多了。以非正式员工身份工作的单亲妈妈就是一个典型的例子。在外工作的 10 名女性中就有 6 名属于兼职工、合同工、派遣员工等非正式雇佣范畴。

有人提出，要想消除男女间的工资差异，就应该导入"同工同酬"原则。即不论职务、职业类别、雇佣形式相同与否，只要被认定为价值相同的劳动，就应付予其相同金额的工资。在确定职务价值时要进行职务分析、职务评价。这是一个基于"知识技能""责任""负担""劳动环境"四大要素对工作价值进行评价和量化的方法。就算知识技能和责任得分不高，负担重且劳动环境严苛的工作依然能被赋予相应的分数。"同工同酬"原则之所以重要，是因为男性和女性在就职时倾向于选择不同类型的职业，比如女性员工多的职业——护士，工资就容易偏低。但就算仅在职务相同的情况下支付相同数额的工资，也无法消除男女之间的工资差异。事实上，在评价看护师和护士的职务时，支付的工资相对于工作内容而言是远远偏低的（森、浅仓，2010年）。

昭和女子大学特聘教授森真澄美指出，引入"同工同酬"原则需要完善社会保障机制。她认为："正式职员的资历工资是基于购入房产、孩子受教育、退休等人生阶段的变化而进行调整的。但日本的社会保障制度并不完善，可以说原本应该由国家在公共福利范围内施行的部分只能依赖于企业。想要推进同工同酬原则的落实，就必须同时考虑完善社会保障制度的问题。"（《每日新闻》2016年6月11日东京版早报）

第 4 章

"没能抽到托儿所入学名额!"

一旦失败就得丢工作："寻找托儿所"的莫测前途

秋意渐浓，已是忙于入园的季节了。对于在城市中工作的母亲们来讲，给孩子寻找托儿所是一件大事，因为入园一旦失败，自己很有可能就要丢掉工作。我们以"待机儿童"众多的东京都的托儿服务机构为例进行介绍。

托儿服务机构根据设施与庭院的面积、保育员人数和服务内容进行分类。东京市内的托儿所可分为认可托儿所、认证托儿所①、认定儿童园②等。

其中，区立或市立的认可托儿所是大家期待中最高级别的托儿机构。房间和庭院宽敞，托管的质量也高，而且是根据父母的收入来确定费用的，收入低的父母缴纳的费用也相应较低。当然，认可托儿所的入园难度也很大。

---

① 认可托儿所是通过了日本政府设置的保育园标准的审查保育园，认证托儿所则符合东京自己设立的标准。如果按照日本政府的标准，在人多地少的东京都内建一所认可托儿所是非常困难的，所以东京政府自己制定了审查标准，以满足都内常住家庭的育儿需求。
② 认定儿童园是按照地方（市级区划）标准设立的保育机构。

"受精卵刚一着床就要开始！"

在"待机儿童"多的地区，4 月的入园申请刚一开始，认可托儿所的名额就会被全部占满，且一年之内往往不会再有空缺。因此，4 月能否被录取就决定了入园成功与否。面向希望让孩子在 4 月入园的家庭，前一年的 11、12 月会开放第一次招生申请，并规定申请截止时间。过完年后的 1、2 月由托儿所通知申请结果，4 月正式入园。除此之外，虽然还有第二次招生，但面向 1 岁以前孩子开设的班级是基本不允许超过规定年龄 1—3 个月的孩子入学的。所以有人说，为了能顺利进入托儿所，夫妻们连"怀孕都必须做好计划"。最近还出现了一个非常生动形象的建议：哪里是"刚一怀孕就要开始找托儿所"，明明是"受精卵刚一着床就要开始"才对。

由于入园竞争激烈，所以为了保底，母亲们必须一家一家地拜访认可或认证托儿所，递交入园申请，抱着孩子拜访 10 家以上的托儿所是稀松平常的事。然而除了认证和认可托儿所，其他很多托儿所都遵循先来后到的规定。一旦被告知"现在我们园的等候人数已经有 100 人了"，母亲们除了心碎也别无他法。

因自治体而异的待机儿童计算方法

全国待机儿童数量最多的是东京都世田谷区。不过这是因为世田谷区诚实地面对了待机儿童问题，并且公布了接近实际情况的待机儿童数量。

这是怎么一回事呢？世田谷区的待机儿童定义中包含了两种情况：一种是没能进入托儿所，家长不得不延长育儿假期；另一种是母亲停工在家照顾孩子。其他自治体的定义却不一样。比如2013年实现了"无待机儿童"目标的横滨市就将延长育儿假期和母亲停工在家家庭的孩子们归入了"保留儿童"一类，不计入"待机儿童"。

了解事实真相的父母们在推特上发泄怒火："这是完完全全的欺诈行为！"

"不管是保留儿童还是待机儿童，改变的只是说法，实际上还是待机儿童。故意隐瞒待机儿童人数，填鸭式保育，开什么玩笑！"

"我家女儿没能入选认可托儿所的时候，还寄来了一封信，上面写着'因为你们家孩子不属于待机儿童而属于保留儿童'。你们既然要宣传待机儿童为零的目标，那为什么不一起宣传一下保留儿童为零的目标呢？"

事实上，在横滨市宣布实现了"待机儿童为零"目标的2013年，同市的保留儿童还有1 746人。这仅仅是因为横滨市给待机儿童下的定义不同而已。

夫妻二人全职工作但孩子仍然进不了托儿所时，有些父母会选择"保育离婚"

能否获得进入认可托儿所的资格是通过对"保育欠缺要素"进行打分来决定的。各个自治体的标准不一。先来看世田谷区的例子（2017 年度 4 月入园）。首先根据"监护者的情况"来确定基本分数。父母其中一方"每周工作 5 天以上，且每周 40 小时以上的劳动属于常态"时，得 50 分。每周 37 小时的情况下得 45 分，分数随着工作时间的减少而减少。这样的减分是致命的。兼职工作不仅待遇差，就连对于孩子入园来说也是个减分项。

在此基础之上，再根据包含 28 个项目的调整标准进行加分。父母其中一方"工作经验超过 1 年"的加 2 分，"产假和育儿假预计期满"加 5 分。夫妻双方全职工作且已经休满了育儿假这样比较寻常的模式总分可以达到 109 分。

然而观察上一年度获得入园资格家庭的分数后可以发现，未满 1 岁的孩子家庭中约有 60％，1 岁孩子家庭中约有 80％的分数都高于 110 分。也就是说，如果不想办法再加点分，夫妻双方全职工作的家庭也有很大可能在入园竞争中败下阵来。于是家长们练就了各种各样的加分技能，仿佛参加考试一般。

单亲家庭"加 20 分",激烈的入园战争

第一个孩子入园时,不满足"有兄弟姐妹托管在托儿所中"的条件,享受不了加 5 分的政策。但是,符合"孩子临时有偿托管在认可保育设施之外的托儿所"条件的可加 6 分(适用于 1 岁以上的孩子),符合"单亲家庭"条件的可加 20 分,上述两个加分条件努努力还是可以满足的。父母可以选择提前结束育儿假,把孩子放在认可保育设施之外的托儿所中托管,或者为了孩子入园而假离婚,甚至举家搬迁到待机儿童人数较少的地方。

此外,在口头和网络上还流传着一些真假不明的传言,什么随申请书附上一封请求书啦,和托儿所的员工搞好关系有利于选拔啦,不一而足。

在如此激烈的竞争中,一旦达不到合格分就会落选。这时母亲们就会面临一个重大问题。法律保障的育儿假期最长可达 1 年零 6 个月。进入每年 4 月入学、面向 1 岁儿童开的班称得上是一场激战,一旦打了败仗,至少还得再等上一年,直到第二年 4 月才能入园,而这一年间很少能成功捡漏。如果公司不同意在 1 年零 6 个月的基础上延长育儿假期,那么母亲很有可能就此失去重返职场的机会。

孩子入托失败后辞职的总是女性，这简直毫无道理

初春是认可托儿所的入园申请结果通过自治体发布的时间。到处都充斥着没能获得入园资格的父母们的怒火，其中一大半是来自妈妈们的。让妈妈们感到愤愤不平的是，明明夫妻二人都在全职工作，为什么关于托儿所入园的大事小事却总是交给自己来做？

据说东京世田谷区的待机儿童数量位居日本首位，申请 2017 年 4 月进入认可托儿所的人数为 6 680 人（与前一年相比增加了 241 人），为历年最高。虽然区里努力将入园人数大幅提高到了 4 314 人，但仍然有 800 多名儿童无法入园。

没能得到入园资格的父母们怀着焦虑的心情赶到非认可托儿所。这一年又有多少母亲要一边哭着一边辞掉自己的工作呢？这哪里是"1 亿人活跃的社会"该有的事？

一旦孩子没能获得入园资格，被迫离职的基本都是母亲而不是父亲。有调查结果显示，"收集托儿所的相关信息""参观托儿所""领取、填写和提交申请书""准备需要的文件""带孩子去做健康检查"等跟孩子入园有关的事情，一大半都是由母亲负责。

名为"母亲"，实为"管家"

孩子入园不仅包括照顾孩子这件事情本身，还是一种随着育儿工作的外包而产生的新型家务劳动。虽然育儿的负担看似减轻了，但随之而来的是对育儿工作的经营和管理。

周围的人很容易把这种经营和管理也视为妈妈们的任务。定居在东京市中心的高桥裕子（30余岁，公司职员）从事着全职工作，某天和丈夫和也一起参观了一家评价非常好的认证托儿所。这家托儿所离家最近，因此成了夫妻二人的首选。参观活动刚一开始，兴致勃勃的副园长便出场介绍录取说明了。

"希望装在孩子们书包里的东西都可以由妈妈亲手制作完成。"

副园长介绍完毕后进入现场答疑环节。裕子刚一问"园里有延长托管服务吗"，副园长就当着众多参观者的面开始对裕子说教：

"作为妈妈就不要问这样的问题了，请尽早来接孩子才是！"

"我才不想把孩子送到有这种可怕想法的人当副园长的托儿所里去呢。"裕子当即离开了活动现场。

有意见认为，因为"女性更擅长做家务"，所以妈妈们就应该承担孩子入园的准备工作。但实际上可能并非如此，不少妈妈并不擅长做缝纫活儿。正因为如此，很多电商和街头手工商店都针对这一类妈妈专门提供孩子的入园书包、拖鞋收纳、腰包、床单等一系列看着像手工制作的商品。他们的宣传语是"为忙碌的妈妈们排忧解难","出售手工制作风格的入园物品"。

随着家务和育儿的外包，又有新的家务落到了妈妈们头上，产生了被称为"母亲管家化"的情况。

本职工作和托儿所的事务管理让人筋疲力尽

幸运地把孩子送进托儿所之后，家长就要开始一边工作，一边调整时间来参加托儿所的活动和完成相关任务了。

高桥夫妇最后成功把孩子送进了区立认可托儿所。每天的例行程序是这样的：填写家长联系簿，清洗和准备换洗用的衣物，在装尿布和脏东西的塑料袋上写上名字，联系延长托管事宜等。到了夏天，还要清洗和准备每天要用的泳衣、给孩子测量体温等。和也虽然也会帮忙，但承担大部分工作的仍是裕子。

此外，托儿所还有监护人会议、个人面谈、保育参与型活动、运动会、演说会等各种活动。每逢这些活动，裕子都会提前调整工作，申请半天的带薪休假去参加。大部分的活动参与者都是妈妈。就算偶尔有哪家的爸爸参加，多半也是因为孩子的妈妈正在待产或者有其他事情不能来。和也也好，别家的爸爸也罢，他们几乎都不参与这些日常活动。

裕子每天忙于做饭、收拾，照顾从托儿所接回家的孩子，还要继续做公司里没做完的工作，趁着忙碌的间隙匆匆看几眼手账上的安排，兼顾职场和托儿所两边的日程。筋疲力尽的裕子偶尔会出错，一旦忘了什么事情，就只能临时请假，给同事们添麻烦；没顾得上和托儿所联系，导致被老师提醒；忘了准备泳衣和便当，让女儿难过，等等。

　　有一次裕子一心扑在工作上，忘了给孩子准备远足用的便当，只能匆匆赶回家，用冰箱里仅剩的食材做好饭菜，塞进画着面包超人的便当盒里，又满头大汗地赶到托儿所送便当。

　　妈妈们就像这样，在没有奖金也无法升职的情况下，在极其忙碌的家庭管理岗位上工作着。

父亲们无法全面参与育儿假和入园事宜的理由

　　"是什么时候说好让我去接送孩子的来着？"

　　某商业广告视频中的这句台词曾经得到了广泛的关注。妻子希望丈夫能替自己分担一些工作，却往往遇到这样的情况："即使拜托他去做了也总是忘记"，"让他帮忙太麻烦了，还不如自己做"。父亲们为什么总是把和托儿所相关的事情都交给妻子去做呢？主要理由有以下几点：

　　（1）父亲的工作时间长。

（2）大多数情况下父亲的收入更高，家务分工严重向母亲一方倾斜。

（3）"男人在外赚钱，女人在家做家务、带孩子"的分工意识不仅仅存在于男性的意识里，也很容易渗透到女性的思想当中。

寻找托儿所的工作基本都由正在休育儿假的妈妈负责，这也是之后的家务重担容易落到她们身上的原因之一。男性申请育儿假的成功率仅为 2%—3%。母亲从一开始就成了托儿所相关事务的负责人，所以父亲很难产生"我应该去处理和托儿所有关的各种事情"的意识。

如果有越来越多男性能成功申请到育儿假，能更加主动地帮忙寻找托儿所，那么他们之后也能更多地参与和托儿所相关的事务吧。

去接孩子放学的父亲难道真的就不能出人头地吗？

这里是某街区的公立认可托儿所，距离东京市中心乘电车大约需要 20 分钟。傍晚 5 点半，结束工作后的父母纷纷赶来接孩子。孩子们在大厅里玩耍，眼神不时飘向入口处，注意着有没有人来接自己。穿着蓝色 T 恤的小男孩刚一看到妈妈的身影，便喜笑颜开，一边大声喊着"妈妈"一边飞奔过去。接孩子的人群中虽然也能看到祖父母一辈的身影，但大部分还是妈妈。父亲模样的男性很少。

作为"少数派"中的一员，山本健太每周都会有一两次来接自己4岁的儿子裕太放学。有一天，裕太的同学晴人跟山本搭话了。

晴人："裕太爸爸，你不上班吗？"

山本："嗯？上班的呀。"

晴人："那你为什么会来接裕太？难道不是裕太的妈妈来接吗？裕太爸爸你在哪里上班呢？"

此时被一连串的问题问得畏畏缩缩的山本只能回答道："东……东京。"

由于晴人家里都是由妈妈负责接送的，所以才会觉得来接孩子放学的爸爸一定没有工作。

有七成家庭都是妈妈负责接送孩子的

实际上有调查显示，去托儿所接送孩子的171万户家庭中，接送都由妈妈负责的有115万户。也就是说，七成左右的家庭都由妈妈来负责这项工作。"父亲送孩子上学，母亲接孩子放学"的有16万家，"接送中任一环节由妈妈负责"的有13万家。就算是夫妻双方都工作的家庭，绝大部分也都由妈妈接送孩子上下学，只有不到一成家庭的父亲会去接孩子放学（厚生劳动省《2012年地区儿童福利事业等的调查》）。

但对于妈妈们来说，去托儿所接孩子是一个大问题。托儿所的闭园时间在傍晚六七点，这和日本企业所要求的工作方式是相违背的。虽然也因工作地点而异，但在市区工作的妈妈们如果想要在傍晚六七点赶到托儿所，那么最晚必须在下午5点半左右结束工作，否则就会来不及接孩子。因此，很多妈妈不得不调动至工作时长较短或责任稍轻一些的岗位乃至兼职岗位，以方便接孩子。

"女性活跃"导致妈妈们接孩子的时间越来越晚？

接送孩子是一个复杂的多线任务。妈妈们拖着疲惫的身体挤电车，思考着晚饭的菜单和需要购买的食材，到站后穿着高跟鞋一路小跑来到停放自行车的地方。飞速蹬着脚踏板，踩着点赶到快要关门的托儿所。接到孩子后也没有丝毫喘息的余地，紧接着买东西、做晚饭，但这一连串工作不管完成得多么高效都不会得到一句称赞。

这一过程正在发生重大变化。据托儿所里经验丰富的保育员说："跟20年前相比，一些妈妈的工作方式变得越来越男性化了。"

"从早上 10 点工作到晚上 9 点的女性变多了。有些孩子在延长保育结束之后被保姆接回家，在父母回来之前由保姆陪着在家等候。"

3 岁儿童的班级中有一个男孩子，在原来的托儿所关门之后被送到另一个可以延长保育到晚上 10 点的托儿所进行照顾。在那里吃完晚饭待到晚上 8 点多，母亲才来接他回家。

针对单亲家庭或者父母不得不上夜班的家庭中的孩子，延长保育和夜间保育服务越来越多，保育时间有到晚上 10 点的、凌晨 1 点的，还有到第二天早上为止的 24 小时型保育。说明随着越来越多的母亲开始像男性一样工作，保育需求也日趋多样化。

要想减轻职场妈妈的育儿负担，就必须充实和完善延长保育、夜间保育，以及面向患病儿童和病愈儿童的育儿服务。然而，如果不正视长时间劳动的本质，只做育儿的表面工作，母亲们的归家时间恐怕只会越来越晚。

对父亲接孩子嗤之以鼻的职场是没有未来的

要想减轻这样的负担，除了充实育儿设施之外，还需要解决以男性为主的过长时间劳动的情况。

日本正式员工的工作方式除了日常加班之外还有一个特征，被称为"无限定性"，即必须满足公司方面的任何要求。即便有了孩子，大部分男性还是作为公司的骨干员工继续加班。另一方面，女性就算找到了工作的价值，也会受到育儿的制约，被迫在职业发展上选择"妈妈赛道"或兼职工作。困住父亲们去接孩子的脚步的原因有二，其一是"育儿是女性的责任"的性别分工意识，其二是将不加班、准时下班回家的行为视作"工作不勤勉""没有干劲"的职场文化。在这样的文化背景下，很多男性都默默承受着"被排挤出职场核心战力之外的恐惧"，无法早点下班回家。

只要上司们"工作第一"的观念和企业制度一日不变，女性肩上的负担就不会减轻。那些希望参与到育儿中去的年轻男性也同样深受其苦吧。

上司和政治家们无法理解"没能顺利入园"的绝望

2016 年初春，政治家关于一条内容为"托儿所没申上，日本去死吧"的匿名博客的发言引起了巨大的反响。2 月底的众议院预算委员会上，民主党的山尾樱里议员看到这条博客后，在议员席上大声奚落"这玩意儿是谁写的"。对于那些为了寻找托儿所而奔忙的父母，山尾议员但凡有一点关心，就不会说出这种话。

3 月的参议院全体会议和参议院预算委员会上，安倍晋三首相和自民党的藤井基之议员都把"保育所"误读成了"保健所"。反复出现的"保健所"一词折射出男性政治家对待机儿童问题既不关心又不理解的态度。

很多父母恐怕也在日复一日的劳动中开始模糊地意识到，制定制度的人并没有认识到托儿所问题的严重性。上述例子不仅见诸国会，在企业内部也屡见不鲜。

男同事们意识不到"如果不把孩子托管在托儿所，妈妈们就无法工作"

东京的美穗（30 余岁，公司职员）将 2 岁的孩子托管在托儿所，自己继续上班。美穗的上司（50 余岁，男性）负责安排部下的轮班。美穗考虑到接送和照顾孩子的需要，找上司商量希望尽可能减少自己早班和加班的次数。谁料上司笑容可掬地说：

"没事没事。我有两个孩子，也算是个有经验的人了。只要你想上班，就一定能办得到的。"

这位上司把所有家务和育儿都交给自己身为全职主妇的妻子去做，但美穗和丈夫两人都在工作，她所承担的家务和育儿责任实际上要比上司重得多。但是上司仅凭自己也有孩子这一点，就自认为了解情况，再不愿意听美穗更详细的解释。

美穗所在的职场环境中，包括上司在内，妻子是全职主妇的男同事占了一大半。美穗曾经被一位 40 多岁的男同事问了这样一个令人烦躁的问题：

"您孩子快要上托儿所了吧？"

这位同事平时十分友善，他能跟自己搭话，美穗感到十分开心。但同事却完全无法理解美穗只有在千辛万苦把孩子送进了托儿所之后，才能在这里继续工作。

所以美穗不假思索地回答道："不然您觉得我在公司里上班的时候，是谁在替我照顾孩子呢？"

年轻一代如果不是夫妻双方都工作的话就活不下去

住在千叶市的大辅（30 余岁，公司职员）有两个孩子。大辅的妻子也是全职上班的公司职员，平时的育儿工作大多由妻子承担。妻子工作忙碌的时候，每周大辅也会有几天在下午 6 点左右下班去托儿所接孩子。

大辅的上司是一位 50 多岁的男性，自称自由主义者，也赞成近年来女性在职场上的活跃，但这位上司却不太同意大辅准时下班的行为。

大辅反复跟他商量：

"最近我妻子工作很忙，所以我想早点下班去接孩子放学。"

但每次上司都振振有词：

"你得认真完成工作才是。"

"这是你们夫妻之间的问题，应该好好商量着解决。"

显而易见，上司是这个时代的男性中常见的、秉持"工作第一"价值观的职场人士。

这位上司虽然支持女性在职场上的活跃，但他不明白，如果作为丈夫的大辅不替妻子分担育儿，那么作为大辅伴侣的妻子根本无法在她自己的职场上发光发热。而只要大辅试图向上司说明这个道理，总会得到一顿说教：

"夫妻两个都忙于工作，同时又想照顾好家庭是非常困难的。你们必须放弃点什么东西才行。"

但是，就像常见于日本诸多企业中的情况一样，大辅所在的公司通过压低员工的加薪幅度等手段来保证利润。可以预见的是，大辅将来能拿到的工资相比于他上司目前的薪资来讲，是远远不如的。

上司一直以来都为自己身为全职主妇的妻子和孩子提供经济上的支撑，所以总是基于这一经验进行思考，完全无法体会大辅"不得不和妻子一起工作"的境况。

也要呼吁制度的制订者关注多样性

从 20 世纪 90 年代开始，少子化和待机儿童的问题就一直存在，而经过 2008 年的雷曼冲击①之后，东京圈内的待机儿童数量激增。2013 年，发生在东京都杉并区的"入园游行"虽然得到了报道，但问题并未得到解决。

财政来源和保育员的待遇等都曾被指出存在问题，除此之外，国会议员和企业管理者等制度的制定者们的视点也是问题之一。在上述公司的例子中，很少有人是一边担负着实质性的家务和育儿，一边一路升到管理岗的。就算家里只有男性一人在外工作，某种程度上来说日子过得也算宽裕，所以这些人就容易仅从自身经验出发进行思考。

如今，担任管理岗的约有 90％都是男性（总务省《劳动力调查》，2015 年）。众议院议员中，男性也占了 90％左右。将 9 比 1 的比例可视化后的效果如下：

■ ■ ■ ■ ■ ■ ■ ■ ■ □

这样的情况容易导致基于多数派的视点来做决定。就算有什么意见，也很难说出口。政治中也是如此吧。如果将 7 比 3 的比例可视化的话：

■ ■ ■ ■ ■ ■ ■ □ □ □

在 7 比 3 的情况下，至少少数派的意见就不会那么容易被无视

① 指美国第四大投资银行雷曼兄弟公司破产造成的经济不景气。

了吧，最终的结果也有可能产生变化。

如今，制度的制定者们尽是那些把家务和育儿全盘交给身为家庭主妇的妻子来做的男性，在这样的情况下，不得不一边工作一边照顾孩子的父母们所面临的问题就无法得到足够的重视，甚至连问题本身都难以得到理解。

政治家为了给自己创造党派纷争或权力斗争中的有力武器，可能会暂时提出要重视待机儿童问题。一旦选举结束，难道因为他们本身对此关注程度不高，这些问题就只能一直搁置下去吗？就算过了托儿所 4 月入园的申请阶段，就算选举结束，仍然会有父母在入园申请中落选，迫不得已停止工作并为此烦恼不已，而这样的人每年还在源源不断地增加。

必须有更多的当事者参与到国会和企业的决策中去，若非如此，围绕着待机儿童和劳动方式的问题就得不到根本解决。

托儿所是扰民设施？对孩子们的声音抱有反感的国家还能繁荣下去吗？

在待机儿童人数位居全日本首位的东京都世田谷区，由于遭到附近居民的反对，好几所托儿所的建设计划被迫搁浅。到底发生了什么事呢？

此处是距离著名高级住宅区大田区的田园调布站步行约 10 分钟的地方。干线道路的 8 号环线外，位于东侧住宅区的十几户人家门口张贴着黄色的横幅。

"反对开工！！ 破坏居住环境！"

"危险的三岔路、坡道、单侧通行，这里不适合建托儿所。"

"世田谷区企图强行建设托儿所。"

这里的地址是世田谷区东玉川一丁目，属于世田谷区五大地区中的玉川地区。附近的地价在每平方米 58 万日元左右（2017 年公示地价）。

飘舞在高级住宅区中的黄色反对横幅

世田谷区规划利用现有空地中的 500 平方米土地来建设托儿所。这里原本是防卫厅名下的土地，曾经建有员工宿舍，后来防卫厅拆除了宿舍，将土地返还给了财务省，于是世田谷区便租下了这片区域，计划用以开设托儿所。

然而，在世田谷区面向附近居民召开说明会的时候，收到了一部分居民"希望守护这里的安静环境"的反对意见。计划施工地附近的十几户家庭门口还出现了黄色横幅，措辞中蕴含的强硬态度在安静的街区中尤其引人注目。

持反对意见的居民大致持以下几种说辞：

"家长接送孩子导致交通流量增大，会产生危险。"

"孩子们的声音和站着闲谈的家长会吵到我们。"

"担心托儿所建成后地价会下滑。"

据《朝日周刊》（2016 年 4 月 29 日）的报道，原防卫厅长官等当地的意见领袖也参与了反对活动。

对于住在附近的老年人来说，来来往往的人多了，确实会产生对安静环境遭到破坏的担忧。为了消除类似的不安，有关部门必须努力得到居民的理解。

托儿所的落成一旦推迟，就会有人因不能及时回归职场而遭遇失业

截至 2016 年 4 月，世田谷区的待机儿童人数达到了 1 198 人。2015 年，区里计划将保育设施的总定员增加 2 082 人，但由于未能得到周边居民的认可，五处保育设施的落成时间被迫推迟，最终增加的名额为 1 259 人，仅占目标人数的 60％左右。最终，有 1 198 人连认可外保育设施都没能申请上，成为待机儿童。

位于世田谷区南部，与大田区、目黑区相邻的玉川地区的认可、认证托儿所本身就很少，截至目前，该区域共有待机儿童 300 人，占儿童总数的 1/4。

托儿所问题专家、世田谷区议会的风间丰说：

"忙于寻找托儿所的妈妈们将保育设施极少的这片区域称为'托儿所魔鬼三角地带'。很多妈妈都盼望着开设新的托儿所。"

为了解决这一问题，区里计划在 2017 年 4 月之前通过新建托儿所来增加约 2 200 个入学名额。因为托儿所一旦推迟开园，在外上班的父母们就不能把孩子托管在园里，也不能结束自己的育儿休假、重回职场，严重的甚至会导致失业。

有位住在玉川的 30 多岁的女性最近刚生下第二个孩子，她说：

"如果新托儿所能在明年 4 月之前落成并开园的话，我应该就可以放心回去上班了。谁能想到现在这个年代，建一座托儿所会是这么困难的一件事呢。真希望能和那些反对托儿所建设的人和和气气地沟通一下呀……"

如何平衡各方利益？

托儿所真的如当地居民所说是扰民设施吗？实际情况是，托儿所在地履行自身义务时都是非常小心的。

据玉川地区托儿所的保育员所说：

"我们白天带着孩子练习音乐时会接到居民的投诉电话：'我是上夜班的，白天要补觉，希望你们可以安静一点。'园长和保育员只能道歉，并且注意不要让孩子们发出太大的声音。"

一旦孩子们在院子里哭了，保育员就得赶在周围居民投诉之前匆忙把哭泣的孩子带到室内。假如小孩子的哭声已经属于无法忍受的扰民行为了，那么日本恐怕确实已经成了名副其实的"无法生育的国家"。

我们可以举出格差社会①、少子化、老龄化、夫妻双方都工作的人数逐年增多等因素作为这一问题的背景。高级住宅区居民的利益在于居住环境，孩子们的利益在于优质的保育，职场父母们的利益在于雇佣关系——不同的立场导致了不同利益之间的碰撞。这个问题必须放在整个社会层面上进行思考，毕竟只有企业家、父母、附近居民等利益相关方携起手来守护"地区之宝"的社会，才是能够长久繁荣的社会。

专栏 国外的育儿现状

只要稍微了解一点国外的育儿现状就会发现，在日本被视为理所当然的事情，在国外并非如此。让我们把焦点放在父亲们身上，看看他们是如何照顾孩子的吧。

首先是时间方面。仅从有 6 岁以下孩子的父亲每天花在做家务这一项上的时间来看，美国是 2 小时 51 分钟，法国是 2 小时 30

---

① 格差社会指的是社会民众之间形成严格的阶层差别，不同阶层之间经济、教育、社会地位差距甚大，且阶层固定不流动，改变自己的社会地位极难的一种现象。

分钟，瑞典是 3 小时 21 分钟（如图 4 - 1）。日本只有 1 小时 7 分钟，相对偏低。

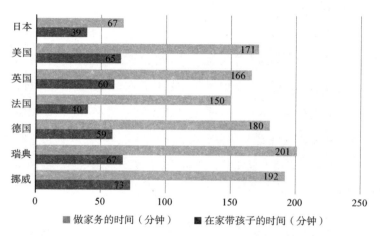

■ 做家务的时间（分钟）　　■ 在家带孩子的时间（分钟）

图 4 - 1　有 6 岁以下孩子的父亲花在家务和育儿上的时间（平均每天）

附注：
1. 基于欧盟统计局《日本男性和女性每天都是如何度过的》（2004 年）、美国劳工统计局《美国人时间使用调查》（2011 年）及日本总务省《社会生活基本调查》（2011 年）制作。
2. 日本的数值为在"夫妻＋孩子"模式的家庭中，丈夫花在做家务、护理、育儿和购物上的时间总和。

　　那么，日本的父亲们每天都在干些什么呢？与别国的父亲相比，他们花费了大量时间在工作上。如果把家务和育儿（无偿劳动）的时间和职场上的工作（有偿劳动）的时间加起来，日本男性的工作时间要远远长于欧美男性（如图 4 - 2）。

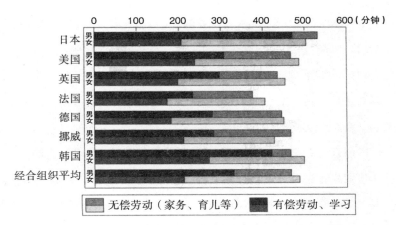

图 4-2 国际社会男女从事家务劳动的时间（平均每天）

资料来源：经济合作与发展组织于 2014 年公开的数据

　　至于爸爸们加班的主要理由，则是强求加班的日本式雇佣习惯（这一点可参照第 2 章末节的"日本的公司为什么需要加班"）。此外，还有一部分理由是和个人意愿相关的。比如有些人奉行"工作第一"的原则，所以主动选择加班；有些人觉得与其回家做家务、带孩子，还不如留在公司里加班更轻松自在。

瑞典约有一半的父亲会负责照顾孩子吃饭

　　父亲们会承担哪些育儿任务呢？有一个名为"通过国际比较来看世界上的家庭和育儿"（2010 年）的有趣调查，它以 6 个国家约 5 000 名父母为对象进行了问卷调查。在被问及谁来照顾孩子吃饭时，回答"主要是父亲"或"父母二人都会"的比例，日本是10.1%，韩国 20.4%，泰国 27.6%，美国 34.8%，法国 27.0%，瑞典 45.6%。可见在日本，会照顾孩子吃饭的父亲只占了 10%左右，在 6 个国家中排名最低。

那么，父亲和孩子们相处时主要做些什么呢？排名最高的三个答案分别是"一起吃饭""一起聊天"和"一起看电视"。特别是"一起看电视"一项，日本、韩国、泰国三个亚洲国家高达80%—90%，而与之相对应的是欧美三国在该比例上却是偏低的，比如法国只有 30%。也就是说，亚洲国家的爸爸们更倾向于和孩子们一起看电视。

此外，同为亚洲国家，泰国的爸爸们和孩子相处的时间较长。除了泰国从事农林渔业和个体经营的人数较多之外，还有一个原因就是他们的文化允许公司职员带着孩子一起上班。比如招待客人打高尔夫的时候甚至可以带着孩子一起去。不管是男性还是女性，只要孩子在身边，都会自然地觉得自己有照顾孩子的义务。

在 6 个国家中，针对"父母双方由谁出席幼儿园或学校的监护人活动"问题，回答"主要是父亲"的比例，日本和韩国并列最低。同为父母双方都工作的家庭，回答"父母二人都参加"的人数，日本仅有 13%，而瑞典则有 54%（牧野、渡边、舩桥、中野，2010 年）。

确实，在日本，出席监护人会议或家长会这种"父母的工作"的大部分都是母亲。

法国长达 4 周的暑假，美国的母乳配送服务

和其他国家相比，不管是育儿的时间还是内容，日本父亲们的分工比例都是偏低的。但其实，不同国家的育儿制度和劳动方式也是大不相同。让我们先来看一看父母双方都工作的情况非常普遍的法国和美国吧。

法国不仅劳动时间短，而且跟家庭有关的福利也十分丰厚。法律规定每周劳动时间为 35 小时，每天的平均加班时间也只能在1—2 小时之间浮动。除此之外，还可以享受持续 4 周的暑假和为期 1 周的寒假。这样男性和女性就可以比较平衡地分配带孩子和做家务的时间了。更有许多和育儿相关的津贴，比如家庭津贴（从第二个孩子出生开始发放）、家庭补充津贴（针对有三个以上孩子的家庭）、婴幼儿津贴（针对照顾 3 岁以下婴幼儿的人）、看护津贴、新学期津贴等各式各样的补助金。随着孩子数量的增加，补助金的金额也会提高（虽然有上限）。相较于日本，法国的家长们可以获得更高额的补助。

美国注重市场经济，和欧洲相比，劳动时间更长，来自国家的支持也更少，甚至没有带薪的育儿休假。但在这样的情况下，企业便取代了国家，负责给员工提供灵活的工作方式和完善的福利保障。被《职场母亲》（*Working Mother*）杂志评选为"工作方式最友善的 100 家公司"中的大多数都实行了弹性工作、远程办公和共享工作制。

另外，一些企业还会为员工提供免费的礼宾服务。员工可以把开车、替孩子买生日礼物、衣物干洗等琐事都交给公司来做。令人惊讶的是，这其中还包括替出差的女性员工从出差地配送母乳回家给孩子喝的服务。不过，这一系列福利保障都只是面向企业中的管理岗和专业岗的。

能够享受这类服务的富裕家庭，就算自己去雇用移民女性做家务、看孩子也完全没有问题。但对于那些拿不到这么高工资的员工来说，就只能将孩子交给家人和亲戚们照料了。从中可以窥见美国的育儿存在着巨大的鸿沟。

相比于法国，日本劳动时间长、育儿相关津贴少；相比于美国，日本甚少引入弹性工作制，也没有那么多的移民从事家政服务，只能依靠单个家庭的努力去解决这些问题。不过，虽说是"家庭"，常常加班的父亲们在育儿时间和内容上的分担比例低，沉重的负担只能由母亲们来承担。和那些夫妻双方都工作的情况非常普遍的国家相比，我们也就更能理解为什么日本变成了一个生小孩和抚养小孩都很难的国家了。

第 5 章

职场和上司设下的厚厚的屏障

职场母亲要向上司和同事道歉到什么时候？

最近，在各种调查中，有越来越多的女性就事业问题回答道："就算生了孩子也最好可以继续工作。"然而需要抚养年龄尚小的孩子的女性经常不得不请假，也不太能够加班。每到这种时候，她们总会习惯性地向同事和上司道歉，周围的人也会觉得道歉是理所当然的。

那些常常因为请假和早退向周围的人低头道歉的女性

这是在东京市内工作的长谷川惠子（40 余岁，公司职员）和要好的女同事铃木、井上吃饭时发生的事情。惠子已婚，育有两个女儿，一个 5 岁，一个 3 岁。铃木和井上则是单身。虽然惠子和她们的生活方式不同，但由于性格合得来，平时三个人的关系也很好。

话题来到了有关男同事 P 的传言上。P 是英国籍员工，有 3 个孩子。井上说："P 因为有孩子，所以总是不加班就直接回家。"

"要是日本的职场也能实行这种工作方式就好了……"惠子话音刚落，井上和铃木就提出了完全不同的意见。

"P 明明比大家都更早下班，却一句道歉的话都没有。如果他道歉了倒也还好……"

两个人仿佛有些生气。看着二人的神色，惠子愣住了。虽说平时她们都能理解一边工作一边带孩子的惠子，但没准她们对于和P情况相似的自己，也抱着一样的想法呢。

惠子申请育儿休假的时候、孩子发烧请假不上班的时候，都会向上司和同事们道歉，"给您添麻烦了""真的非常抱歉"。

虽然确实有些抱歉，但按理来说，抚养下一代也是在给社会做贡献。自从生了孩子之后，不管是带孩子乘电车也好，还是在公司上班也好，都能感受到别人投来的、觉得自己"很麻烦"的目光。如果不时时在意、时时道歉的话，就会遭人白眼，职场女性因此承受着巨大的压力。

惠子甚至因此对同为父母却不必在公司一直道歉的丈夫产生了一种不舒服的感觉。

就算是单身女性也会有想要休息的时候

另一方面，没有育儿压力的女性也有话要说。

在东京市内上班的齐藤美纪（30余岁，公司职员）被委派了责任重大的工作，常常出差。她自己是单身，但同一公司有几位生了孩子的女同事时不时以孩子为由请假。

美纪认为，抚养孩子的女性享受带薪假期和育儿假期是正常的，但希望自己也能申请到带薪休假和长期休假。虽说公司有相关制度规定，但不同于建立在社会普遍认知之上的育儿休假，自己怎么也不好提出想要休假的请求。

美纪曾经和一边带孩子一边工作的朋友提过这件事，那位朋友说：

"育儿休假可不是休假，那比工作还要辛苦。"

虽然事实确实如此，不过总让人觉得有些郁闷。

美纪不仅牺牲了本可以花在自己休闲爱好上的时间去工作，还必须默默为别人的休假提供支持，她觉得这样很不公平。偶尔在连休期间筋疲力尽，一个人睡着睡着，突然就不知道自己到底为了什么在工作了，也会担心"我老了之后怎么办"而陷入情绪低谷。

20世纪90年代以来，夫妻双方同时工作的人数增加了，但另一方面晚婚和不婚趋势也在发展。随着女性生活方式的多样化，有孩子的女性和没有孩子的女性之间仿佛出现了某种隔阂。

然而，这仅仅只是"女性问题"吗？

希望形成一个不管男女老少都能互相理解的职场环境

占据了约90％管理岗位的男性中有一大半都把育儿工作交给了身为全职主妇的妻子，因此有不少男性意识不到职场女性所面临的困境。

截至 2015 年 9 月末，生了孩子的职场女性中，在 1 年之内申请到育儿休假的占了总数的 81.8%；但另一方面，仅有 3.2% 的丈夫在妻子分娩后申请到了育儿休假（厚生劳动省《2016 年度雇佣平等基本调查》）。在日本，申请到育儿休假的一大半都是女性，所以赔礼道歉的也尽是女性。

如果男性能更多地分担抚养和照顾孩子的责任，在职场上形成一种"不管男女老少都能互相理解"的氛围，那么认为"享受育儿假期的女性就该道歉"的职场环境也能有所改变吧。此外，只要准时下班的制度得到进一步推行，大家就算不加班也不容易受到指责了。

人力资源管理专家、法政大学的武石惠美子教授认为，重要的是"不仅仅把育儿当作一个不可侵犯的禁区"。如果只是一味为职场父母们完善平衡工作和育儿的支持性措施，对没有育儿压力的同事就会造成不公平，从而使职场管理变得更加困难。与之相对，包括改善长时间劳动和改革男性工作方式在内的促进工作和生活平衡的措施就非常必要。

作为企业，不能眼睁睁地看着职场母亲无故受过，而须重新审视公司整体的运作模式。只要营造出谁都可以轻松工作的职场环境，女性因为育儿而道歉的情况也会减少的吧。

"父权骚扰"使得 200 人中仅有 1 位爸爸可以获得育儿假期

"不带孩子的男人不能称得上是父亲。"

1999 年，当时的厚生省印在海报上的这句话引发了大量关注。那个时候，男性的育儿假期申请成功率仅为 0.4％。

现在距离当时已经过去了约 20 年，但在日本，成功申请到育儿假期的父亲仍是少数。2016 年，这个比例为 3.2％。虽然政府计划在 2020 年之前将男性的育儿假期申请成功率提高到 20％，但目前看来仍然困难重重。

育儿假期的时间也很短。根据 2015 年度的雇佣平等基本调查，育儿假期不足两周的父亲占到了总人数的 75％，还听到了"有育儿假才怪"的说法。在 200 位父亲中，仅有 1 位可以申请到超过一个月的育儿休假，属于极其罕有的情况。

父亲们不申请育儿假期的原因是什么？

政府通过实施延长父母育儿假期等政策来鼓励男性申请育儿休假。即便如此，为什么大部分父亲仍然没有利用这项制度呢？理由有以下几点。

首先是休育儿假带来的家庭收入减少问题。仅有 20% 的母亲在生完孩子半年后就能恢复全职工作。父亲一旦停工，很多家庭的生计就很难维持，所以只能尽量避免让父亲去申请育儿假。针对这一问题，政府在 2014 年将育儿假福利提高到了 67%，规定企业要在休假开始后的 6 个月间支付员工休假前到手工资的 80% 左右。今后，这一政策产生的效果可能会越来越显著。

其次便是男性在外工作、女性负责带孩子的性别角色分工意识。许多人都受到这一意识潜移默化的影响，导致众多女性在生孩子前后便辞掉了工作，父亲成为家里主要的生计维持者。有名的男性人物成为爸爸之后，别说什么暂停工作好好照顾孩子了，倒是宣称"要更加努力工作"的更多。

再次就是职场的氛围和上司的意见。举例来说，东京都的男女雇佣平等参与状况调查（2011、2012 年度）中，回答"希望申请育儿休假"的男性超过了半数，为 53%。但与此同时，调查也表明"职场氛围""上司的理解不足""很难寻找到合适的继任者"等问题都成了阻碍男性休育儿假的因素。

不能理解父亲休育儿假的男上司

从经济角度来讲，母亲全职工作的情况下父亲更容易申请到育儿假期，但有时候上司的意见和职场的氛围仍会成为巨大的阻碍因素。

让我们来看看少数男性成功申请到长期育儿假的例子吧。就职于大型企业的加藤（30 余岁）由于妻子同样全职工作的缘故，决定申请育儿假期。但他所在的公司经常加班，而且很难找到合适的继任者，于是等妻子情况刚一稳定，加藤便立刻向公司同事和上司 A（40 余岁，男性）表达了自己申请育儿假的意愿，开始提前做各方面的准备工作。

幸运的是，上司 A 的妻子也在工作，因此能体会到夫妻二人一边工作一边养育孩子的艰辛，再加上同事们大部分都比较年轻，所以加藤成功得到了周围人的理解。虽然也曾经被说过"等你回来恐怕已经没有你的工位喽"，但终归是磕磕绊绊地申请到了育儿假期。

然而，等到加藤休完 3 个月的育儿假回到公司时，上司已经换成了 B（50 余岁，男性），于是加藤开始遭到来自新任上司的"父权骚扰"①。

"公司没有为育儿考虑的义务"，上司强行要求加班

妻子身体状况不好的时候，加藤提早结束了工作，回家喂孩子吃饭、替孩子洗澡，结果却接到上司 B 的电话。B 在电话中朝他

① 这一词汇来自英语 Paternity harassment，指对于承担育儿责任的男性的嫌恶。

怒吼："照顾孩子可不是你不工作的理由。"

B自己的妻子是全职主妇，所以他认为加藤的妻子也在上班这一情况属于"个人状况"，向加藤扬言"公司没有必要为育儿考虑"，强行要求他每天加班。由于B的评价会反映在今后的人事调动中，加藤担心自己会收到"替补通知"，不得不遵从B的指示。

这样一来，家务活和带孩子的重担都集中到了也在全职工作的妻子身上，两人在家中的争吵次数越来越多，加藤常常陷入抑郁。"如果在我申请育儿假之前上司就换成了B，那我的假期一定申请不到吧。"加藤后来如此回想。

"热衷育儿的人无法成就事业"论调的欺骗性

人气漫画《岛耕作》系列的作者弘兼宪史主张"热衷育儿的男性不可能出人头地""工作能力强的人在家庭中一定不受待见"，这些言论在网络上受到了批判。

加藤的上司B同样秉持着"工作第一"的价值观，认为在忙碌的岗位上加班加点工作的才是优秀员工。对下属进行父权骚扰的男性一般都意识不到自己的行为属于骚扰。对于他们本人而言，自己只不过是在指导工作"不认真"的下属罢了。

2014年日本工会联合会发布的调查结果显示，遭受父权骚扰的人中，有66％都选择了"不跟任何人商量，直接放弃享受育儿相关的福利制度"。

一直以来，人们都把"男子气概"等同于"通过工作来赚钱养家"。正因如此，相对于女性而言，男性更不容易行使自己休育儿假的权利。另外，"示弱"这一行为本身就被视为缺乏男子气概。因此，提出希望帮忙带孩子这一"女性职责"并因此遭受父权骚扰的男性，对于自己的困境就更加难以启齿了。今后，父权骚扰问题难道不应该得到更大的关注吗？

泡沫经济年代入职的上司指责夫妻双方共同工作的中青年下属"不中用"

如今，育有子女的 30—40 岁的夫妇中，50％以上都是夫妻双方共同工作的。大约 20 年前，这个比例还停留在 20％—30％之间（总务省《就业结构基本调查》）。

而现在的 50—60 岁人群正处于培养孩子的关键时期，丈夫的工资基本能够支撑整个家庭的生计，身为全职主妇的妻子只需要全面支持丈夫的工作即可。大约也是因为这个缘故，很多上司并不能理解现如今夫妻双方都需要工作的情况，年轻职员们也在为此烦恼。

没有结果的争论：一人工作 VS. 双方都工作

大型企业 O 公司的总部位于东京。山田部长（50 余岁）的妻子是主妇，有两个孩子。因为要负担正在上大学的孩子的教育费用，所以山田部长在午饭钱和酒钱上十分节省。

根据新生银行每年实施的"工薪阶层零花钱调查"（2016 年），已婚已育的公司男职员的午饭花费，在夫妻双方共同工作的情况下是 594 日元，妻子为全职主妇的情况下是 643 日元。每月零花钱金额（包括午饭费用在内），前者是 30 083 日元，后者是 32 254 日元。可见后者的花费稍高一些。

山田部长平时的午饭就用在超市里买的 298 日元的便当解决，他非常喜欢召开可以节省饭钱的午餐会议。为了省钱，他干脆买了啤酒和小吃直接在公司里举行忘年会，而且几乎不会请下属吃饭。

他的下属中村（30 余岁）和妻子都在工作，有两个孩子。山田部长只要一看到中村在喝咖啡，就会走过来对他嘀咕：

"星巴克？果然两个人都工作就是赚得多啊。"

而另一位女下属小林（30 余岁）在闲聊中提到在孩子身上花了不少钱的时候，山田部长就会用一种不知是否在开玩笑的语气说：

"你们家一定很有钱了？不像我们家，只有我一个人在外赚钱。"

不同世代之间的收入差距到底有多大？

然而，看似节衣缩食的山田部长一年的收入最高能超过 1 000 万日元。像他这样在泡沫经济到来之前踏入职场的 50 余岁男性职员，大多数都得益于年功序列型的工资制度而享受到了丰厚的加薪待遇，现在到手的工资也很高。

另一方面，中村和小林等人的工资却被压在很低的水平。泡沫经济崩溃后进入职场的一代，不论是初始工资还是加薪幅度都下降了，整体薪酬状况并不乐观。就算身处同一家公司，也会出现 50 代职员享受高额加薪待遇，而 30 代职员看不到加薪希望的情况。

此外，虽说夫妻二人共同工作的情况变多了，但 10 位女性雇员中有 6 位都属于兼职人员、合同工、派遣员工等非正式雇员之列。1985 年，《男女雇佣机会均等法》制定，育儿假制度得到完善，但这些制度仅保障了女性继续工作的权利。与此同时，20 世纪 90 年代以来，女性的非正式化雇用也在不断发展，70％的非正式雇用者年收入不到 200 万日元。

不管是中村还是小林，哪怕夫妻共同工作，将来整个家庭的总收入也只能勉强赶上山田部长一个人的收入。山田部长身为管理人员，却屡屡发表不理解下属实际境况的言论，实在令人遗憾。

夫妻双方共同工作仅仅是"个人情况"吗？

有一天，中村向山田部长请示："我要帮忙照顾孩子，所以想跟您申请早点回去。"但山田部长说："你妻子也在工作是你们家的个人情况，请你在家中自行解决。"中村迫于无奈，只能把同在工作的妻子一个人去托儿所接送孩子和做家务的困难向山田说明，却换来了山田"别找借口"的怒骂。

山田部长在女部下面前主张"我是职场妈妈的支持者""女性活跃是好事"，但面前只有男职员时，却又开始发牢骚："果然有孩子的女员工不中用啊。"

男性的价值难道真的只能体现在赚钱和出人头地上吗？

山田部长认为，男人要以工作为重，不停奋斗，成就一番事业，所以他才无法理解男部下希望早点结束工作，回家帮忙做家务、带孩子的行为。也正是出于"男性的价值就体现在赚钱上"这一想法，他才会对周围人的收入如此敏感。

社会学家伊藤公雄列举了传统"男子气概"的特点：（1）追求卓越；（2）追求权力；（3）追求财富。身为男性这点本身就意味着要在公司内部的竞争中胜出，意味着要赚钱养家（伊藤，1993 年）。

然而，在双职工家庭不断增加的现象背后，整个社会也正发生着巨大的变化。当今时代，仅凭男性一人工作来养活妻儿变得困难，所以才有越来越多的夫妻选择一起工作。如果能离"男人就该赚钱""男人就该出人头地"这样的价值观远一点，男性也就不用这么辛苦了吧。

对于"伪女性活跃支持者"而言，主张女性活跃只是获得成功的手段

大约从 2014 年开始，女性活跃促进运动日益壮大。确实有一些企业取得了成果，但另一方面，也有一些公司和上司仅在表面上打着女性活跃的旗号，招致了很多不满。

最重要的是自己能出人头地

X 公司的田中部长 50 余岁，信奉"工作第一"原则，是一位事业心很强的男性。他认为好员工就应该在公司勤勤恳恳加班，所以一直以来都轻视那些因为生孩子而不能继续加班的综合岗女员工，还曾经在她们面前扬言"女人真是不中用"，不是给她们分派一些乱七八糟的冗杂工作，就是把她们发配到其他岗位上去。

然而，只要公司里的领导一来，田中部长总是紧随其后，点头哈腰试图取悦领导。有段时间，传言将成为下任社长候选人的副社长公开发表了这样的言论："我希望也能在我们公司促进女性

在工作上的活跃。"这话一出，就连一直以来都对女员工报以白眼的田中部长也马上表示"我们部门也要大力推进女性活跃"，让他的手下惊异万分。田中部长之所以这么做，是因为他认为自己今后若想升职，就必须得到副社长的赏识。于是，他命令手下必须在下次会议之前拿出方案。

在会议上，有位下属提出了引入弹性工作制的方案。其实，在此之前也有很多女下属向他提出过类似的请求，但此次田中部长仍然没能真正理解职场女性面临的困难，反而问道："弹性工作制真的有必要吗？"

而在另一名部下建议"发表一个'育儿老板'宣言"的时候，田中部长勃然大怒："这算什么？你这是在拿我开玩笑吗？""育儿老板"指的是那些对于下属参与育儿表示理解的管理者和上司。这一名词是由 NPO 法人 fathering. jp 提出的。这位女下属其实是为部长考虑才提出这项建议的，但田中部长却完全不关心女员工们的真心话，反而以为她们在愚弄自己，因而大发雷霆，下属们只能败兴而归。

促进女性活跃的目的不是为了别的什么，而是切实为了女性的幸福。希望可以尊重由女性自主选择的生育权，创造一个不论男女都能轻松工作的社会，一个对于想要孩子的人来说也可以轻松育儿的社会。

为什么要促进女性活跃？

　　话说回来，为什么政府和企业要促进女性活跃呢？简单来说，主要目的之一就是促进经济发展。随着少子化和高龄化带来的劳动力减少，日本要想保持经济增长，就必须让女性也走入职场。另一个目的是为了改善少子化问题。在那些具备了工作和育儿平衡环境的国家中，女性一旦开始工作，孩子的数量就会增加。

　　但另一方面，也有人指出了促进女性活跃过程中产生的问题。政治学家三浦麻里提出了以下几点。首先，以发展经济为目的来促进女性活跃会导致部分女性的雇佣非正规化和贫困化。因为企业在新自由主义进程中都是追求经济合理性的。不论男女，要么能给企业带去高附加价值，要么可以接受低工资的工作。企业总是希望对那些于自身有益的人才加以利用，于是就会在提拔女性的同时，用低工资来雇用一些非正规岗位的女员工。此外，政府也会参与到怀孕生子等与女性个人选择有关的环节中，奖励那些为了国家而生育的女性。这一系列做法仿佛是将女性作为实现某种目的的工具进行"利用"一样（三浦，2015 年）。

有批判的声音认为，所谓的女性活跃政策进一步扩大了精英女性和其他女性之间的鸿沟。针对这一意见，政府于 2014 年推出了"让所有女性都展现出光芒"的政策体系（辻，2015 年）。这一政策体系并不像以往一样被定位为经济政策，而是基于安心育儿、照顾老弱病人、改善非正规雇佣女性的待遇等女性视点，提倡社会的整体变革（皆川，2014 年）。

2016 年 4 月，为了构建男女共同参与型社会，《女性活跃促进法》开始施行。该法规定，凡是员工数量在 301 人以上的大型企业都有义务公布自己的相关行动计划。我们每一个人都能查询到"促进女性活跃企业数据库"等信息，了解哪家企业正在推进女性活跃而哪家没有，这一点是非常重要的。

身为 4 个孩子父亲的大学教师"一旦休了育儿假就会失去加薪资格"

2017 年 1 月 1 日，修订后的《育儿和家庭护理休假法》开始施行，该法规定企业必须履行的义务包括防止以育儿假期为由的职场骚扰。

但事实上，男性享受育儿休假的行为并没能得到广泛理解。在以男性为中心的企业社会中，认为带孩子是女性的事情、休育儿假会影响升职加薪的想法仍然占主导地位。

在这样的背景下，关西地区一所私立大学中，有位申请了育儿休假的男教师将学校告上了法庭。这位教师因为休育儿假而丧失了加薪机会，认为自己遭遇了以休育儿假为由的不公平对待，申请判决大学的一部分从业规则无效，并将原本应当获得的加薪金额赔偿给自己。那么，在这个案例中究竟发生了什么呢？

"想参与到育儿中去"，男教师申请到了9个月的育儿假期

大学教师佐藤健一（40余岁）从2015年秋天妻子诞下第四子开始，就申请了为期9个月的育儿假期。在男性申请的育儿假期中，不足5天的占到了60%，因此佐藤是为数不多的取得长期休假的例子。

关于想要帮忙带孩子的理由，佐藤是这样说的：

"我本来就喜欢孩子。如果光顾着工作而不能充分参与到育儿中去的话，我会觉得是我作为教师的本末倒置，所以才去申请了育儿假。"

在提出休假申请之前，佐藤确认了一下大学的从业规则以及育儿假期的相关规定，注意到其中存在一些不合理的地方。

根据薪资规定，教职工通常在每年的 4 月 1 日享受加薪。加薪针对的是 4 月 1 日当天在职且上一年度 12 个月全勤的教职工。也就是说，如果在上一年申请了育儿假期并休假，就会被排除在加薪对象之外。

另外，从业规则里的育儿假期规定也明确写着，育儿假期不能计入加薪所必需的工作时长，下一次加薪只能在复职且工作满 12 个月后的最近一个年度进行。

佐藤找到了此前并未加入的教师工会商量此事，还去咨询了所在大学的人事科。然而负责人回复道："和其他病假采取统一处理办法。休育儿假不能享受特殊待遇。"

佐藤并不满意处理结果，不过还是休了假，休假的 9 个月中一直忙着做家务和带孩子。回到学校工作后，由于 9 个月的假期跨越了两个年度，按照规定，在这两个年度后再工作满一年，他才能够享受正常的加薪。

然而，此次加薪一旦推迟，之后的加薪也会一直推迟，以基本工资为基础的各项津贴、奖金、养老金都会受到很大影响。教师工会向学校提出了关于此项规定合理性的质疑，却迟迟得不到答复。

越生孩子加薪就越迟的工作机制

根据这样的规定，生育的孩子越多，休的育儿假越多，加薪就越往后推迟。如果休育儿假意味着遭遇工资上的不利待遇，那么别说男性了，就连女性教职工也会犹豫是否要休假了吧。

况且，原本《育儿和家庭护理休假法》第10条就明确禁止用人单位以休育儿假为由使员工遭受不利。以下是条款摘录：

▽ 解雇

▽ 不更新合同

▽ 变更劳动合同内容（变为不利条件）

▽ 命令员工在自家待命

▽ 降职

▽ 减薪或在奖金等方面执行对员工不利的计算

▽ 在升职的人事考核中给员工不利评价

佐藤所在的大学明显违反了这些条例。由于和学校之间的交流一直受阻，所以在教师工会的帮助下，佐藤向法院提起了诉讼。"不加薪属于《育儿和家庭护理休假法》第10条中明确禁止的不公平对待，相关的从业规则也违反了公共秩序，应属无效"，佐藤要求学校赔偿其应得的加薪额度。

最高法院也曾给出医院败诉的明确判决

在过去类似的判决中，一位在京都市某医院工作的男护理师曾将医院告上法庭，因为医院以他休了 3 个月的育儿假为由，拒不承认其具有升职加薪的资格。这位男护理师认为医院这一做法是违法的。

医院的从业规则规定，休育儿假超过 3 个月以上的员工不能享受下一年度的业务能力津贴加薪待遇，也不具备再下一年度升职考试的考试资格。法院认为医院的行为属于"在升职加薪环节中不公平地对待员工"，判定原告胜诉，这一结果于 2015 年 12 月由最高法院定案。

在佐藤供职的大学，所有教职工每年都有加薪机会。佐藤和工会申诉认为："休育儿假的员工不仅和旷工者一样不能享受加薪待遇，而且加薪一旦延迟就无法恢复，相当于遭受了性质更为恶劣的不公平对待。"

请勿独自烦恼，可以寻求工会、NPO 法人或劳动局的帮助

厚生劳动省的数据显示，2015 年度，因结婚、怀孕、生育而遭受不公平待遇的劳动者咨询数量为 2 650 例，由于休育儿假而遭受不公平待遇的咨询数量为 1 619 例，与之前相比有所增加。但恐怕这些数字也只是冰山一角。

如果各位也面临这样的遭遇，请不要一个人独自烦恼，向外界寻求一些帮助吧。佐藤选择了工会，除此之外还可以向周围值得信赖的人、NPO法人或厚生劳动省在各都道府县的劳动局进行咨询。育儿的重要程度不亚于公司的工作。请不要后悔申请了育儿休假，一定要挺起胸膛面对。

　　佐藤是这样说的：

　　"通过育儿，我突然觉察到了社会上的很多改变。其中最重要的就是孩子们的笑容变多了。希望通过我的上诉，可以帮助今后的男性成功申请到育儿假期。"

第6章

年轻人的理想和现实

30 岁以下高收入男性成为"渴望结婚症候群"的主体

虽然当今晚婚化和不婚化的倾向不断扩大，但年轻人的结婚意向似乎仍然很高。在 2015 年进行的调查当中，回答"今后打算结婚"的未婚者比例在 18—34 岁的男性中占到了 85.7％，在女性中则占到了 89.1％（日本国立社会保障和人口问题研究所《第 15 次出生趋势基本调查》，2016 年）。

但另一方面，有恋爱对象的年轻人却在持续减少。有数据显示，没有异性交往对象的未婚者比例在男性中为 69.8％，在女性中为 59.1％。也就是说，相比"想要恋爱"，当今年轻人中"想要结婚"的人更多。

在我工作的大学中，有一位女生说：

"与其说我想要个男朋友，不如说是更想结婚。"

没有交往对象、对于恋爱持消极态度的男生们也不约而同地说："相信自己总能找到结婚对象。"还有一位学生说道：

"还不是因为大众媒体总是在大肆渲染孤独死。"

特别是一部分高学历、高收入的年轻男性，可能是由于父母的期望或周围的高结婚率，似乎把结婚视为人生中必须达成的目标之一。在这里，我想一窥 20—30 岁男性"渴望结婚症候群"的倾向。

"想同那些错过了适婚年龄的 30 岁以上女性交往"

翔太（25 岁，男性）付出了很多努力从国外的研究生院毕业。虽然很希望在国外继续学习、工作，但考虑到结婚的机会，他感到有些迷茫。

"我还没有过同女性交往的经验。如果继续追求梦想就会错失结婚机会，所以现在正在考虑要不要放弃梦想回日本工作。"

达也（28 岁，男性）从日本著名的大学毕业之后就职于一家外资企业。

"其实我也没有什么要在工作上成就一番事业的野心。到底是为了什么在赚钱？买劳力士手表真的有必要吗？我经常一边想着这些问题一边工作。"

虽然现在达也还没有交往的对象，但已经制订了详细的结婚计划。

"庆应这种大学毕业的女生就挺好的，教养和头脑都很棒，再可爱一点就最好了。不过这样条件的 20 多岁的女生很受欢迎，从现在开始交往并且顺利走到结婚是非常困难的。所以我想同那些错过了最受欢迎的年纪、已经 30 多岁且对人生感到迷茫的女性交往。那时的我如果在商社或者咨询公司工作的话，一定能被看作高质量的结婚对象。这么一想，我也该准备转行了。"

男性的"新结婚条件"是?

心理学家小仓千加子在其著作《结婚的条件》（2003 年）中一针见血地刻画出了当时的女生们梦想与满足"经济能力""稳定职业"等条件的对象拥有"幸福婚姻"的样子。根据小仓的说法，结婚条件从"生存"到"依存"再到"保存"，随女性的学历产生变化。"生存"就高中毕业的女性而言，指的是结婚对象的收入能够养活自己。"依存"就短期大学毕业的女性而言，希望结婚对象可以让自己婚后成为家庭主妇并从事一些跟业余爱好有关的工作。"保存"针对的是毕业于四年制大学①并从事专门岗位工作的女性，她们对于结婚对象的要求是能够尊重自己对于终身工作的选择。然而，可能是因为年轻男性的收入普遍不高，满足上述条件的对象一个都找不到。

可以说，彼时对于这些女性而言，结婚是一件"综合理性和算计来选择的事情"。随着恋爱和结婚之间的联系日益微弱，如今一部分年轻男性也萌生了类似的倾向。

实际上，研究表明，随着女性的高学历化和夫妻双方共同工作的普及，男性也会在其他条件相同的情况下考虑女性的学历。也就是说，一旦女性具备了全职工作和持续工作的条件，男性也

---

① 这里的"四年制大学"是相对于日本的短期大学、高等专科学校、中专等学校而言的。

会越来越倾向于认为和有工资收入的女性结婚是合理的。这是因为经济实力雄厚的人会尝试强强联手（简井，2016 年）。

比如在夫妻双方共同工作的情况已经非常普遍的美国，前总统奥巴马的妻子米歇尔是律师，而 Facebook CEO 扎克伯格的妻子普莉希拉是儿科医生。两位男士都是成功者，但他们的妻子并不是只具备年轻和美貌的"贵族夫人"。

即使教室里有男有女，邂逅依然是不存在的

前文中的调查显示，没有异性交往对象的未婚者正在增加，男性中这一比例是 69.8％（2005 年为 52.2％），女性则是 59.1％（2005 年为 44.7％）。其中，回答"不是特别希望和异性交往"的比例，不论男女大约都在 30％。

据学生们所说，虽然想谈恋爱，但在大学中，"邂逅是不存在的"。要知道，每天都有很多男生女生同坐在一间教室里，这种说法乍一听实在是不可思议。但根据学生们的说法，一起上课并不意味着"邂逅"。有些男生说：

"如果想在大学的人际圈中找女朋友，一定会被周围的人评头论足，实在是很麻烦。"

特别是在大一课堂上，学生们就像事先商量好了一样，男生女生在教室里是分开坐的。男女面对面分坐两边，活像相亲。问

他们为何要分开坐，得到的回答是："这样比较自然。"

最近的大学生们会男男女女组团出去旅游。在 B&B① 或民宿中，男女多人混住在一个房间里也并不稀奇。

"就是普通的和朋友一起住，什么都不会发生的。"

20 世纪 90 年代，类似《东京爱情故事》（铃木保奈美、织田裕二主演，1991 年的富士台电视剧）的恋爱剧在日本取得高收视率，恋爱的价值得到了广大年轻人的认同。

自由恋爱观念在日本的年轻一代中得到普及已有数十年，到了如今的 21 世纪，大家对此早已习以为常。当今的学生们虽然仍相信婚姻，但似乎不再渴望恋爱了。

困难重重？ 在恋爱、结婚、生子中摇摆的男人们

目前晚婚化和不婚化的实际程度有多高呢？就 30—34 岁人群的未婚率而言，男性在全日本范围内为 46.5％，东京范围内为 50.3％，女性在全国范围内为 33.7％，东京范围内为 39.5％（总务省《2015 年人口普查》）。

---

① B&B（bed and breakfast）是一种旅店的类型，和民宿相似。有床铺和早餐供应，比纯粹租房多一点服务，但没有其他设施，亦不包含早餐以外的膳食。

虽然年轻一代的男性收入减少了，但女性对于结婚对象经济实力的期望值仍然居高不下，这是晚婚化的主要原因。除此之外，女性的高学历化、交往机会的增加、和父母同居、痴迷（动漫和游戏中的）二次元女性等也被认为是产生这一现象的原因。与此同时，对于恋爱持消极态度，觉得"恋爱很麻烦"的年轻人也越来越多。

我每天都在接触大学生，在他们身上感受到了某种倾向。他们熟练地使用着推特、LINE①、Instagram 等社交软件，24 小时互相观察着彼此的交友关系。

只要互相是好友，就能察觉到谁和谁关系好，以及自己有好感的对象和谁一起去了哪里。在好友之间互相察言观色的情况下，除非能明确对方也喜欢自己，否则不可能主动说出"我喜欢你"这四个字，也就是说，就连告白这个行为都不会有。当代年轻人害怕被拒绝，也害怕自己被拒绝这件事被人知道，所以才会觉得在恋爱中主动出击"太麻烦了"。

通过结婚照来彰显自己的男人

不仅仅是恋爱，社交软件对结婚观也产生了影响。直人是一

———————————

① 日本的一款聊天软件。

位29岁的"高收入男子",虽然希望结婚,但还没有遇到心仪的结婚对象。

每次在Facebook或者Instagram上看到朋友们结婚仪式的照片,直人就忍不住愤愤不平,对别人的"幸福婚姻"嫉妒不已。

"A一定是被对方工作单位的名头(大企业)迷惑才结婚的。真是令人讨厌的一对啊,他们的结婚派对我是一定不会去的。"

20岁出头的雄大被称为"自我彰显男",觉得自己比其他人都要优越,在结婚这一点上也非要同别人一较高下。他想把自己和女朋友或未婚妻的合照"上传到社交软件上大肆炫耀",让别人都来羡慕自己。

雄大的口头禅是"结婚的话,最希望是和模特,空姐也不错"。他渴望和既漂亮又高调、从事男性所憧憬职业的女性结婚。

不论男女,都希望自己的结婚对象能够得到朋友和熟人的认可,也都更加倾向于寻找可以让自己感到骄傲的交往或结婚对象。在被社交软件淹没的这代人中,这种意识更加强烈。

"想不到除了结婚之外的其他幸福模式"

不论是社会领域还是学术领域,一直以来都不曾质疑过"为什么结婚"这一问题,因为大家都觉得结婚是"理所应当"的。

那么，在结婚难度越来越大的当下，那些高收入男性想要结婚的理由是什么呢？"结婚生子，独当一面"等局限于旧式"男子气概"的答案依然存在的同时，也产生了其他理由。

　　骏（20 岁出头）现在没有交往对象，但希望有朝一日能够结婚。

　　"虽然社交软件拓宽了人际关系，但那些归根结底也只是 LINE 上显示'已读'的薄弱交情。对于这样的关系，我感到压力很大，所以才会觉得能够依靠的最后也只剩骨肉至亲（孩子）了。"

　　而和女性交往经验十分丰富的拓海（20 岁出头）对于恋爱和结婚抱着这样的态度：

　　"有女朋友真的很麻烦，她会逼着你回电话，指责你衣服穿得不对。相比于被固定的恋爱关系约束，还不如经常和不同的人交往来得开心。"

　　话虽如此，但拓海似乎也希望有朝一日能够结婚生子。问及理由，他面露一丝困惑，说道：

　　"除了结婚生子之外，我想不到还有其他幸福人生的模式。"

　　在工作不稳定、社会安全非常脆弱的当今社会，即使拥有高学历和高收入也还是会感到不安吧。这群高收入男性感觉到，如果不结婚生子，或许将来他们的"精神就会失去休憩之所"。

孩子和结婚牢牢地捆绑在一起

过去的日本社会存在着"恋爱必须以结婚为前提""禁止不以结婚为前提的两性交往"等观念。如今这些观念的影响都已弱化，对于年轻人来说，恋爱和性并不一定非要同结婚捆绑在一起。不过，话虽如此，许多有识之士指出，现在结婚和孩子仍然是紧密联系在一起的。

在我所任教的大学中，当男生们被问及"如果你们结婚了，能接受不生孩子吗"，大多数学生都表示"不可能""无法想象"。在本章节最开始的调查中，作为结婚的好处最常被提及的就是"可以拥有自己的孩子和家庭"。与1987年的调查相比，给出这一回答的人数有增加趋势。另一方面，回答"可以和爱的人一起生活"的比例不论男女都仅占了10％，而且处于减少趋势。

在日本出生的大约98％的孩子，其父母都拥有正常的婚姻关系，婚外关系中的孩子仅占2％，和欧美发达国家相比低很多。

另一方面，50岁还没有结过婚的终身未婚者的比例逐年增加，2015年男性为23.4％，女性为14.1％。据预测，今后每3—4位男性中就有一位会成为终身未婚者。

影响了女性生活方式的社会学家上野千鹤子明确指出："通过结婚来给予异性伴侣以法律上的特权和经济上的保护是无意义的。"结婚仅仅是一个选项，而非必选项。

现实情况是，年轻男女中结婚人数的比例正在下降，结婚变成了人生的众多选项之一。正因为结婚不再是所有人都会走的一条路，对于那些直到找工作阶段为止都属于"人生赢家"的高收入男性而言，结婚就变成了一个必须达成的目标，一旦没有达成，就会陷入强烈的焦虑情绪之中。今后，社交网络环境、对于恋爱的消极态度、对于结婚对象条件的高要求、对于生孩子的渴望——诸多要素错综复杂地交织在一起，年轻一代的婚姻愿景和现实一定会愈发动荡吧。

新员工所目睹的"育儿支援型公司"的黑暗内幕

每年 4 月，我那些刚刚毕业的学生纷纷投身职场，成为新员工。有位女生毕业之后在公司从事销售工作，经常在社交软件上抱怨"销售让人失去感情""不想上班"，可见其工作的辛苦。她在社交软件上的言论似乎和现实生活没有差距。

而另一位工作后的男生在推特上说："工作变得越来越有趣了呢""这次休假简直太棒了"。看着他积极工作的样子，我曾经觉得很放心，但自从和他重逢聊天之后我才发现，他的实际工作情况和我在社交软件上感受到的完全不一样。可能是受到了类似于"男人不能示弱"的社会风俗的影响，他很难在人前表现出"工作很令人痛苦"的情绪。

实际上，在了解了年轻男性工作第一年的经验之后，我发现就算是那些被厚生劳动大臣认定为"育儿支援型企业"并获得"襁褓标志"① 的公司，也存在着黑心企业式的劳动模式。让我们来看几个例子。

毫无意义的陪同式加班，每天都要到半夜 1 点

康平（20 余岁）作为正式员工入职了一家总部位于东京的大型企业，第一年被分配到了分店工作。根据上司的命令，每天早上 7 点左右上班打扫办公室。下班时间也很晚，必须义务加班到深夜 1 点为止。每个月的加班时间轻易便超过 100 小时。但加班也不是因为要把什么特别的工作委派给作为新人的康平，只不过只要上司不让下班，康平就必须在桌子前用电脑消磨时间，陪着上司一起加班。

除了公司里的陪同式加班，康平还要负责招待客户。酒会期间必须一直拿着酒瓶站着，每次都吃不到东西，但每次都要自掏腰包支付数千日元的餐饮费。

康平希望"有一天能结婚生子"，但因为长时间加班，空闲时

_____

① 一个代表婴儿襁褓的形象符号，获得该标志的企业致力于解决少子化和育儿问题。

间很少，连和女性接触的机会都没有。将来工作上可能也不会有变动，要一直在同一个部门工作，不清楚这样的生活会持续到什么时候，所以完全无法预料自己的未来。

"职权骚扰四天王"每天都给自己找茬

智也（20余岁）在一家著名的大型企业作为正式员工工作。由于在刚入职的培训中犯了错，智也被人事部盯上，随后就被分配到了被称为"职权骚扰四天王"的男上司所在的销售部。

这位"职权骚扰上司"每天都会在数十位员工面前大声痛骂作为新人的智也。明明是上司没把工作的具体方法教给智也，智也却每天都必须忍受他"连……都做不好吗""我不是让你做……了吗"之类的责骂。

除了工作内容之外，上司还经常拿智也和其他员工比较，不断用"废物""就知道傻笑"等否定人格的话训斥他。智也身上的压力不断累积，陷入了抑郁沮丧的状态。他在入职第一年的夏天就忍不住开始考虑换工作，但由于找不到能够保证将来稳定生活的新工作，只能一天天地继续忍耐。

大树（20余岁）是一家高人气大型企业的正式员工。他所在的部门几乎每天都要陪客户喝酒到深夜，不管累成怎样都不能回家，甚至还要在酒会结束之后回公司继续工作。

有一次，大树在公司酒会上被强制要求下半身全裸，为大家表演所谓的“艺术”。学生时代，就算周围的人怎么放飞自我，他都不曾做过出格的事情。大树感到万分屈辱，但在这种情况下又无法拒绝职场前辈，只能一边哭着一边照做。入职半年后，大树就体会到了工作的痛苦，继而逐渐丧失自信。

智也和大树的上司把在众人面前否定下属人格的行为视为“指导”，将强迫下属裸露身体视为“文化”。毋庸置疑的是，他们的所作所为是完完全全的职权骚扰和性骚扰。

要帮助年轻男性实现工作和生活平衡的目标

上述企业都不曾被贴上“黑心企业”的标签，都属于形象良好的大型企业。三家公司都取得了“襁褓标志”，是最受大学生欢迎的就职排行榜上的常客。然而就算是这样的企业，都会迫使年轻的男性员工加班，推行过于严苛的工作模式。各种调查都显示，很多20多岁的男性都希望自己将来能够积极地参与到育儿中去。但只要企业的工作模式和文化不改变，他们的愿望就永远实现不了。

育儿不单单是女性的问题。国家和企业应该考虑到年轻男性的人生，改善过于严苛的工作模式才对。

女性对公司的失望因所就读的大学入学难度而异

因为我自己是大学教授的缘故，有时也会接触到企业人事部的工作人员。前些日子，一位来自在东京证券交易所第一部上市的某公司的人事部男性员工对我说：

"虽然招聘考试的时候女生比男生更优秀，但录用后她们却难有晋升。"

我说，如果这是事实，那么问题并不在于女生们自己，而在于公司和社会创造出的机制。他这样回答我：

"那她们又是在什么时候、如何在工作上丧失干劲的呢？毕竟普通岗位的女员工好像更轻松愉快，管理岗上的女性却一点也不幸福。"

我迄今为止在三所大学上过研讨课。分别是早稻田·庆应水平的 A 校、MARCH（明治大学、青山学院、立教大学、中央大学、法政大学）水平的 B 校和日东驹专（日本大学、东洋大学、驹泽大学、专修大学）水平的 C 校。换算成某个大型预备校①的偏

---

① 为了准备大学入学考试而开设的各类学校。

差值①，大概分别相当于 70、60、50 左右吧。我每周都会和研讨课上的学生们聊天，所以对他们的内心想法颇为了解。在学生毕业开始工作之后，我仍然同他们保持着联系。也正因为如此，我才得以发现，女性们"对公司感到失望的时间点"会因她们所在大学入学考试的难易度不同而有所差异。当然，由于样本数量太少，这一结论并不能普遍化，但我确确实实观察到了下面这些情况。

日东驹专女子："新·全职主妇志向"

我在日东驹专四校之一的 C 大学中接触到的女生和小仓千加子在《结婚的条件》一书中写到的"短期大学毕业的女性"所怀抱的愿望颇为相似。也就是说，她们将来是要成为全职主妇的，所以希望找到可以赚取足够的钱供自己安安心心带孩子的男人结婚。在此基础之上，将来如果能够从育儿任务中腾出手来，她们希望可以从事自己感兴趣的工作并得到社会的认可，例如插花和写小说。小仓将这种"结婚后承担家务并从事自己感兴趣的工作"的志向称为"新·全职主妇志向"。

---

① 指相对平均值的偏差数值，是日本人对于学生智能、学力的一项计算公式值。偏差值反映的是每个人在所有考生中的水准顺位。通常以 50 为平均值，偏差值在 50 以上属于较好成绩。偏差值在 60 以上，可以上较好的大学。

我在 C 大学接触的学生当中，只有极少部分会去大型企业工作，一半以上的男女学生都会选择就职于中小企业。也许是因为前辈们去的公司有不少是条件恶劣的，所以他们很难从一开始就对工作抱有希望。

希望从事轻松工作的 MARCH 女子：梦想着 30 岁时买爱马仕铂金包

MARCH 之一的 B 大学是我现在的工作单位。我在有数百名学生参加的课堂上发放过问卷，结果显示，想要成为全职主妇的女生并不多，更多人计划一直工作下去。希望从事"轻松型工作"的学生们想进入大企业上班，并且更偏好地域性的岗位或调动少的综合岗。

大四学生吉田爱就是其中之一。她已经确定明年春天开始在一家房地产相关公司工作。对于小爱来说，她首先无法接受的就是父辈"工作第一"的价值观。

"说实话，我是不愿意和那些讨人厌的老一辈在一块儿工作的。他们折磨我们这些宽松世代的年轻人，还把自己的价值观强加给我们。不过我们无法选择上司是谁，所以如果真要和这些人一起工作，我会把他们看作与己无关的人，尽量不来往。但同时，我也希望他们能为我们创造良好的工作环境。是我太任性了吗?"

小爱还描绘了极其具体的人生计划：

25 岁　从销售部跳到别的有双休日的部门，可以不再为了销售额而竞争。以结婚为前提和恋人同居。养猫。

30 岁　买爱马仕铂金包。如果结了婚住在郊区的话还需要一辆车。有非劳动收入。

35 岁　买下自己的房子。休完产假回到职场。

40 岁　继续工作。孩子如果想去补习班或想发展兴趣，都供其去做。

总之，小爱不愿成为"工作狂魔"。

"与其从早到晚都待在公司拿着丰厚的薪水，还不如朝九晚五拿到与之相应的报酬。我没有什么大的梦想，只希望孩子们独立之后能从中午开始就和丈夫一起看韩剧，一年去国外旅行三四次。同时为了预备突然住院的不时之需，或者为准备将来进养老院而存钱。"

希望成为职场精英的 MARCH 女子：在求职中遭遇差别对待而失去工作干劲

接下来介绍的是 B 大学中希望成为职场精英的女生们。她们关于结婚的想法类似于小仓所说的"毕业于四年制大学的人生赢家"，倾向于寻找尊重自己对于终身工作的选择，而且可以帮忙做家务的人，即需求是"保存"。她们期待的典型工作单位是大型企业，目标是和男性具备同等条件的综合岗。大四的松本优香这样说道：

"我希望能在同期入职的人当中取得第一的销售业绩，得到公司的公费留学资助。以不逊色于男人的姿态努力工作，不断挑战自己。"

听上去前途一片光明，但就算是像她这样以成为职场精英为目标的女性，也很难被心仪的公司录取。在我之前工作的早庆水平的A大学中，优秀的女生可以和男生一样顺利进入高人气的公司。然而在B大学，学历筛选加上性别筛选，两者的复杂作用导致男生在就业时具有压倒性的优势。

我在上研讨课期间连续三年每周都会和学生们见面，因此对他们的能力和性格非常了解。每年都会有那么几个各方面都非常优秀的学生。他们能在创造性课题上提出优秀的成果，长于演说，努力且善于社交。这样优秀的学生如果是男生的话，一定是每家公司争相抛出橄榄枝的对象，早早地就被很受欢迎的综合商社或大型广告公司录取了。但如果是女生，那必然拿不到高人气公司的录用通知，即使她具备和优秀男生同等水平的能力。这一现象仅仅发生在某一年也就算了，然而不仅仅是这一年，第二年、第三年我都目睹了优秀的女生在求职中的失败。她们一个接一个被高人气公司拒绝，最后好不容易才被金融销售或成立时间相对较短的大型企业录用。

反而是那些常常旷课但能说会道的男生纷纷拿到了心仪公司的录用通知。这样的学生虽然人品没问题，但我确信，他们四年间频繁旷课养成的坏习惯恐怕进了公司也很难改过来。如果我决定冒险自己创业的话，一定会选择去雇用那些能真正做出成果的女生。

眼睁睁看着那些上课迟到、课题做得也不好的男同学纷纷获得了入职大公司的机会，女生们表示"在求职过程中第一次感受到了所谓的男女差别"，开始对公司感到失望。

那些非常受学生们欢迎的公司似乎只招收 MARCH 级别大学中的男生。我曾经向多位人事负责人反映这一情况，并表示"贵公司选人的眼光实在是太差了"。对此，有人苦笑，有人抛出定论："女性总会辞职""女性难以在职场上得到发展"。

早庆女子：在妈妈赛道上失去工作的干劲?!

在偏差值为 70、相当于早稻田和庆应大学这一层级的 A 大学中，我遇到了许多以成为职场精英为目标的女生。与 B 大学不同，这里不管是女生还是男生，都可以获得高人气公司的入职机会，包括综合商社、大型广告公司、媒体、银行或日系航空公司等日本代表性企业，还有外资金融、咨询等领域的公司。

然而，女生们就算在求职战争中打了胜仗，仍然会在结婚生子的阶段遇到难关。我有位 30 岁左右的女学生在媒体公司上班，她说虽然自己想结婚，但工作忙到连周末都没法休息，这让她开始烦恼自己的生活方式，对周围的人开玩笑说的"你是想把工作当作生活吗"也感到厌恶。但就算结婚生子了，烦恼也是无止境的。

记者中野园佳在其著作《"育儿假一代"的困境》（2014 年）中提出了这样的疑问：从国立或早庆等大学毕业后在综合岗上工作的女性，为什么生完孩子之后就似乎丧失了对工作的热情呢？

在考取难度高的学校时，女生们在看起来似乎性别平等的教育课程中与男生一起进行竞争。选择工作时，相比于世俗观念中认为"适合女性的工作"，他们更看重业务繁忙但做起来有意义且有趣的工作。在恋爱方面，也更容易被学历和工资水平相当或在自己之上的男性所吸引并结婚。然而这样的男性大多都有较强的事业心，而且他们所从事的工作往往很难允许他们分出时间去帮忙做家务和带孩子。

这时，受到"女性就应该做家务带孩子"的传统性别角色分工观念影响的女性就会选择调整自己的工作时间，更多地去担负起育儿的责任，而且她们对于育儿的责任感也会很强。如此一来，自然就无法再像生孩子之前一样工作了，往往导致被分配去做一些杂七杂八的活儿，或者不必负责、没有价值的工作。一些女性一边忍受着这些无价值的工作，一边通过主动降低工作热情来减轻心理上的矛盾，才得以坚持下去。

曾经那样向往成为职场精英的女性其实并不是因为领会到了所谓"女人的幸福"才丧失了工作热情的，而是由于这个社会的现有机制迫使她们不得不降低工作意愿。

前文中提到的人事部男性员工说："女性在职场上难有晋升。"表面上看来确实可能是这样，但更接近于事实的说法难道不应该是企业不提拔女性吗？

给希望了解更多的读者⑥

女性辞职的真正原因是什么？

有研究针对女性辞职的原因和失去工作干劲的原因进行了调查。如果职场中有持"女性反正都是会辞职的""辞职完全是干劲问题"意见的人，非常推荐他们去读以下两本书。

第一本书是《女性为什么辞职》（2015 年）。这本书调查了 5 155 名具有短期大学或高等专业学校以上学历、住在首都圈内、年龄在 20—40 岁之间的女性的职业构成。结果表明，毕业之后一直没有辞去最初的正式工作，且拥有两个及以上孩子的女性仅占了总数的 1.0％（51 人）。

而总结女性辞去最初一份工作的理由，"有其他想做的工作"（24.0％）、"这份工作没有希望"（13.0％）等对工作的不满所占的比例远远大于"结婚"（9.3％）。企业预见到女性由于结婚、生孩子而离职的可能，采取了一些预防措施。企业出于"反正女性迟早都要辞职"的顾虑，只把有价值的工作和发展机会交给男性，这也反过来加剧了女性的离职（岩田、大泽，2015 年）。

第二本书是《职务差距》（2015 年）。大槻奈巳的这本书对上文所述"企业只把有价值的工作和发展机会交给男性"这一状况进行了调查。

从电机厂商 A 公司的例子来看，以同样的职务、同样的待遇雇来的系统工程师一职，分配给男女员工的工作内容从一开始就不一样。管理层（主要是男性）将系统工程师的主要职责"系统构造"交给男性，而将"计算机处理""客户支持"等交给女性。通过各自被分配的工作内容，男性得以掌握知识技能，女性却无法作为系统工程师学到核心的技术。随着上述分工的不断持续，男性和女性所掌握的专业技能之间开始产生差距，结果就是男性比女性更早一步得到晋升。

旅行社 B 公司的职位也有着明确的男女之别，男性担任"涉外销售"，女性担任"店铺柜员"和"策划岗"。该公司中，通过销售赚到钱的人被认为拥有良好的业绩。因此，相对于店铺柜员来说，担任涉外销售、为公司在客户身上赚取巨额财富的人——也就是男性——更容易晋升为分店长、总公司的科长或部长。

我们正是在由性别主导的职务之别没有消除，甚至可以说得到了强化的情况下，推进着《男女雇佣机会均等法》实施后的女性雇佣进程。这也是无法有效促进更多女性进入管理层的原因（大槻，2015 年）。

第 7 章

解决孤身育儿问题的方法

不要认为自己是一个失败的母亲

美国的优秀主妇在日本只能算普通

《家庭主妇2.0》（2014年）这本书在美国引发了大量关注。作者是毕业于汉堡大学的主妇艾米丽·比奇（Emily Matcher）。书中介绍了年轻一代女性的生活方式，这些女性毕业于美国一流大学，曾就职于投资银行、广告代理公司、政府机关等，最后选择辞职成为家庭主妇，并且不断从这一角色中找到乐趣。我对美国的新式主妇如何亲自做家务、如何践行"终极育儿"非常感兴趣，于是兴致勃勃地开始阅读。在看到了下面这些文字之后，我开始怀疑自己的眼睛。

"从自家分娩，（中略）到亲手制作婴儿辅食、长期进行母乳喂养，《大草原上的小小家庭》就是现代育儿的范本。"

"终极育儿中最受欢迎的是爱子育儿法。（中略）孩子想喝奶的时候立刻喂奶，哭泣的时候用心安慰。时刻用牵引绳把孩子抱在身上也十分重要。此外，最好让孩子跟父母在一张床上呈'川'字形一起睡觉。"

"做缝纫""烤面包""亲手栽种蔬菜"。

书中写的尽是在一些在日本已经稀松平常的事情。亲手制作婴儿辅食、母乳喂养、陪孩子一起睡觉这种事情是如此理所应当，以致一旦不做，妈妈们就会遭到妇产医院和育儿相关人员的指责。而且如今在家庭面包房里烤面包、在阳台上亲手种植香草之类的事情也没什么特别的。被美国的高学历女性视为了不起的家务和育儿方法大力提倡的，日本的母亲们早就当作寻常事在做（或者被迫在做）了。

日本的妈妈们过于努力

读完这本书，我愈发深切地感到现代日本的妈妈们实在是太过努力了。在欧美各国，正如他们的绘本和电视剧中所描绘的一样，孩子一出生就被放置到单独的房间和父母分开睡。在法国，由于有些妈妈有母乳而有些妈妈没有，而且能否亲自喂奶这件事情也跟女性的工作情况有关，所以大家都接受了"是否母乳喂养是各人的自由选择"的说法（舰桥，2006 年）。而在日本，妈妈们却要不断受到来自助产士和护理师"请努力挤出母乳"的热切鼓励，相比之下，法国的妈妈们显然更为轻松。

美国的妈妈们会在超市购买婴儿辅食，把冷冻食品放在微波炉里热一下当作晚饭，直接使用速食食品来给宝宝喂食。但对于日本的妈妈们来说，亲自动手制作辅食被视为理所当然的事，每天还要准备至少三菜一汤——米饭、汤和三种小菜，包括一主菜两副菜——做饭的标准十分严格。料理研究专家土井善晴指出："现在的女性每天都要工作、带孩子、做家务，根本就没有多少空闲时间，还要求她们每天准备三菜一汤，但其实一菜一汤是完全足够的。"土井提出这一观点之后，女性纷纷表示"轻松了许多""放心了"。

日本的女性明明已经承担了如此多的家务和育儿，但还是会从她们口中听到类似于"我真是个没用的妈妈"这样饱含罪恶感的话。和其他国家相比，日本的妈妈们在这些事上难道不是过于认真了吗？参照国际基准来看，她们其实可以少操点心。

"我已经很努力了"，日本的妈妈们完全可以这么想。首先让我们拿出自信，不要过分苛责自己吧。

让父亲们分担一些家务、育儿和入园工作

那么，如何才能解决孤身育儿的问题呢？有关育儿和工作平衡的指南手册上列出了"创造不必依靠丈夫的环境"等建议，还提出了一些可以让母亲通过独自努力来克服困难的家务和工作方法。说白了，它们都主张让母亲们一再提高效率，一人独自努力，这让人感到十分难受。

本书认为，要想解决孤身育儿的问题，就必须发动一切可以调动的力量共同参与到育儿中去。对于有父亲的家庭而言，首先就让父亲尽量多地分担家务和育儿吧。孩子们得到爸爸的照顾会

非常开心，而且随着相处时间的增加，亲子关系也会变得更好。接下来我就来分享一些能让父亲们更多地担负起育儿职责的窍门（当然，每个人的情况都不一样，下列方法并不是万能的）。

● 避免回娘家生孩子后待太长时间

回娘家生孩子的女性可以在家中得到饮食上的关照，还可以把大孩子托付给长辈照顾，不仅轻松而且确实能得到帮助。

但同时也不要忘了这样做的缺点。如果在娘家长期住下去，这段时间内父亲和宝宝之间的相处机会就会变少。在某个案例中，妻子生完孩子后在娘家住了一个多月，丈夫就完全没有意识到自己已经成了爸爸，直到娘俩回家后相当长一段时间内都没能帮忙照看孩子。男人也需要见证孩子呱呱坠地的一刻，体会由于半夜喂奶而无法睡觉的感觉，体验给孩子换尿布时的手忙脚乱。只有经历了这些劳累中带着感动的事情，才容易培养出身为父亲的自觉和责任感。所以，希望各位妈妈如果产后身体无恙，不管在娘家待着有多轻松，也不要一直住下去。如果家中还有多余的住宿空间，也可以让自己的妈妈住到家里来帮忙。

● 和丈夫一起申请育儿休假

要想培养孩子的父亲积极参与育儿的意识和习惯，夫妻俩一起休育儿假是最理想的选择。如果很难申请到长期休假，不妨考虑一下短期休假。实际上，60％的父亲申请到的育儿假期不足两周。虽然很遗憾，但男性的育儿休假申请成功率仅有数个百分点。就算真的想去申请，他们也可能会产生犹豫。犹豫的一个主要原因是休假带来的收入减少问题。但正如第5章所述，这一问题正在得到改善。

相比经济上的考虑，职场氛围可能更容易妨碍男性申请育儿休假。从2017年开始，法律规定企业有义务制定防止"父权骚扰"的措施。如今，政府正大力推进男性的育儿假期申请，也有一些企业通过整个公司的努力，使得男性员工的育儿假期成功申请率达到了80％。如果爸爸们积极考虑休育儿假，那何不尝试着先和上司商量一下呢？事先的沟通是最为关键的。

● 让父亲们体会一下孤身育儿的艰难

为了让爸爸们了解带孩子的艰辛，可以让他们在半天到一天的时间内尝试着自己一个人带娃。去试试一个人替孩子换尿布、安抚哭泣的宝宝，这样他们就能理解孤身育儿的不易了。在此期间母亲们还可以外出透透气，简直一举两得。妈妈们最早也曾手忙脚乱地学习照顾孩子的方法，所以大可相信自己的丈夫，尝试把孩子交给他们照顾。

● 把家务和育儿分工可视化

如果觉得分工不公平，那就把谁具体负责什么明确下来吧。做成一览表的效果会很棒。犬山柴子发表在 Mamastar Select[①] 上的报道《给自以为已经做了足够多家务的丈夫们看的分工图》在社交媒体上引起了很大反响。从这张家务分工图上可以清楚地看到夫妻双方的分工情况，具有很高的参考价值。

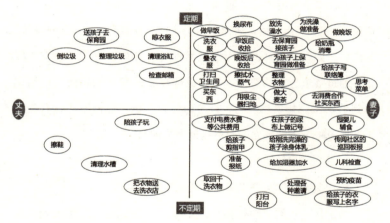

资料来源：刊登在 Mamastar Select 上的报道（执笔：犬山柴子）

犬山女士的丈夫表示："虽然觉得自己在做家务，但看到图表之后发现自己所做的并不多，感到十分后悔……明确规定了双方

---

① 一个面向妈妈群体，旨在解决妈妈们烦恼的新闻网站。

该做的事，这点很好。"这张图表所发挥的作用似乎超出了想象。

正如图中所示，把"做早饭""打扫卫生间"等各个项目根据定期或非定期、早上或晚上、工作日或休息日等进行划分，再适当结合夫妻二人的工作情况决定分工，这一做法能使双方对自己负责的家务抱有更强的责任心。

● 入园也尝试着一起来做

入园通常也是在休产假或育儿假的女性做得比较多，但如果一开始就光让母亲一个人负责寻找幼儿园，那么父亲就很难产生"托儿所的事我也需要操心"的当事者意识。因此，从初期开始，包括收集托儿所的信息，去托儿所实地参观，领取、填写和提交申请书，带孩子去做健康检查等一系列任务，就让父亲也一起参与其中吧。夫妻二人如果能够一起收集信息、实地参观，全程有商有量，那么一定可以为入园的顺利进行定下良好的战略。此外，结合各自的工作情况和教育方针，爸爸妈妈也可以一起讨论什么样的育儿设施更适合自家宝宝。

孩子入园后，紧接着又会迎来日常上学的准备和接送、患儿托管的申请、家长会等和托儿所相关的一系列管理任务。如果从入园申请阶段就能实现分工，那么父亲们也就更容易参与到后期任务中去。反之，如果母亲从一开始就一力承担，可能就会觉得从头开始教丈夫做事太麻烦了，从而一步步陷入孤身育儿的境地。

● 避免指责，不要追求过高标准

女性一边全职工作，一边还要做家务、带孩子、忙着跟入园上学有关的事情，极其辛苦。在这样的情况下一旦遭遇指责，就容易失去干劲。相比之前所举的欧美国家的例子，日本女性已经高标准地完成家务和育儿任务了。就算以这样高的标准去要求男性，想必也是非常勉强的。夫妻双方只有相互肯定，彼此留心给对方以关怀，才能每天都过得开心愉快。

● 丈夫至少去找上司商量一次

父亲们大多到家时间都很晚，但就算工作日里只有一天可以提早回家，对于母亲们来说也是帮上大忙了。实际上，很多时候男性也可以在一定程度上调整工作，而且确实有人在这样做了。如果母亲忙不过来，父亲何不尝试着去和上司说明一下家中的情况，偶尔也早些回家呢？确实会有些上司觉得男人就必须全心工作，导致谈话无法顺利进行下去，但有时候也能意外地得到上司的理解。与其什么都不做，不如争取一下机会，至少尝试着去找上司商量一次如何？

● 如果这些都行不通，就换一个方法

我们已经列举了很多增加父亲参与度的方法和诀窍，但遗憾的是，有些男性就算有时间，或者不管尝试说服他们多少次，还是会拒绝做家务和带孩子（抑或是真的无法帮忙）。这时就赶紧去寻找外界的帮助吧。如果父亲无论如何都不能在家务和育儿上出力，那么总可以负责去联络老家和亲戚，或者安排提供家务和育儿援助服务的自治体和从业人员来帮妻子的忙吧。若是丈夫觉得自己出了钱，就把所有的事情都一股脑儿扔给妻子去做，这无形之中又会增加妻子的工作量，因为联络和安排本身也属于家务范畴。

我们也建议大家，就算丈夫一开始就撒手不管也不要放弃，要坚持耐心地劝说他们。有些人慢慢地也会开始变得有父亲的样子。当然有些妻子会采取这样的策略——"我不依靠丈夫。这样自己更不容易生气，也不会感到压力"，这当然是情有可原的，但是如果完全放弃说服对方，会导致两人的关系逐渐冷却，丈夫的"取款机化"也会从此一发不可收拾。

寻求亲戚或邻居的支持和帮助

● 寻求老家和亲戚的帮助

由亲人和邻居们提供的关系网络和援助曾经很普遍，但现在已经逐渐消失了。母亲们完全不必因为寻求来自亲戚或地方育儿支援机构的帮助而有负罪感。所谓的"三岁孩子神话"（主张直到孩子3岁为止母亲都要专心于育儿的说法）也早在1998年的《厚生白皮书》中被评价为"找不到合理的依据"而遭到否定。

对于那些老家和亲戚们有条件提供帮助的家庭来说，不必过分客气，只要不是让帮忙的人太过劳累的程度，都可以放心将孩子交给他们照顾或者由两家共同照顾。

● 寻找地域支援

就算找不到可以帮忙的亲戚，市区町村各级行政区划也拥有满足各种需求的育儿援助服务。和私营企业提供的服务相比，它们更加便宜，有些甚至是免费的。下面列举了一些由自治体提供育儿支援的例子。此外还有产前—产后支援、患儿看护等服务。家长们可以查阅住处所在自治体的官网或宣传手册来联系相关责任窗口。

由自治体提供育儿支援的例子

▶ 需要咨询的时候——"使用者支援"

可以为使用者提供介绍，以便他们从托儿所、幼儿园和育儿支援项目中选择必要的服务。只要是跟育儿相关的事情，任何人都可以随时前往咨询。该设施设置在各自治体的地区育儿支援基地或行政窗口中。

▶ 需要短时间托管孩子时——"临时托管"

母亲们有急事、要去做短时间兼职，或者单纯想透个气的时候，都可以把孩子托管在托儿所、幼儿园或育儿支援基地里。2 小时的费用在 1 000—1 500 日元左右。

▶ 需要让孩子寄宿一晚时——"短期留宿""黎明留宿"

在监护人因出差、照顾他人、住院等原因无法照顾孩子时，可以使用短期寄宿式的托管服务"短期留宿"或工作日夜间临时托管孩子的"黎明留宿"服务。一次大约 3 000 日元。

▶ 需要帮忙定期带孩子时——"家庭支援"

家庭支援项目是一个有偿志愿组织，希望得到育儿帮助的人和希望帮助别人照顾孩子的人（主要是具备育儿经验的 30—60 岁的人）成为该项目的会员后各取所需。家务、托儿所和幼儿园的接送、托管等服务的价格在 1 小时 1 000 日元左右，比私人企业提供的服务更便宜。

另外，还有一类设在各市区町村的名为"老年人才中心"的公益法人。主要由一些 60 岁以上人士组成，利用自身的知识和经验进行活动。该组织会为有家务和育儿需求的家庭介绍住在附近的老婆婆们，幸运的话，这些家庭还能收获一份亲密的邻里之情。人才中心接到用户的工作委托后就会给他们介绍自己的会员。各位妈妈可以尝试给地区的老年人才中心打个电话。1 小时的费用在 3 000 日元左右。

● 扩大"妈妈友"① 的交友网络

虽然可能有些麻烦，但妈妈们何不去参加一些地区性的育儿俱乐部或育儿活动，结交一些跟自己合得来、同为妈妈的朋友呢？另外，各个自治体都有一个叫作"地区育儿支援基地"的地方，旨在为亲子提供交流的场所，一般设在公共设施或商业街的闲置店铺等离区域中心很近的地方，各位有机会可以去看看。如果孩子在上托儿所或幼儿园，妈妈们只要积极参加以父母为对象的联谊会和聚餐就可以扩大自己的交往圈子。

和"妈妈友"们一起聊聊育儿过程中的烦恼，带着孩子一块儿出门，这样一来，自己的不安和孤独一定可以减少吧。

---

① 指同为母亲的朋友。

将同事变成伙伴

● 和上司、同事交流

　　知道自己怀孕的时候、计划休产假和育儿假的时候、孩子上托儿所的时候、休完育儿假回来上班或者重新找工作的时候，都请勤快地和上司保持联系，好好向上司说明自己的情况。对于上司来讲，如果不了解下属的情况，就无法在麻烦事出现的时候进行应对。况且如果员工临时提出休假申请，上司就必须花费更多的力气寻找继任者。

　　关于下属和上司的关系，斯坦福大学商学院的杰弗里·普费弗（Jeffrey Pfeffer）教授指出："认为只要有优秀的业绩，不讨好上司也能获得晋升，这其实是大多数人都容易有的重大错误想法之一。"那么还有什么因素会影响评价和晋升呢？直截了当地说，就是"获得上司的欢心"。此外，"向上司寻求建议"也能抬高对方的自尊心，赢得其认可（普费弗，2011 年）。

　　总而言之，和上司之间的良好沟通就算不能为自己带来工作上的优秀业绩，也能切实改善自己的职场地位。休完假回归职场后，工作时间缩短、孩子生病而不得不常常请假或早退，许多人只要一给周围的人添麻烦就会陷入不安和孤独的情绪之中。为了弥补这些消极方面，可以尽量多地向上司说明托儿所或幼儿园的情况，有时还可以就其感兴趣的话题展开闲聊，主动寻求和上司的良好沟通。此外，邀请上司一起吃午饭探讨工作上的问题也不失为一个好主意。

再者，平时多让同事了解自己的情况，也更有利于在需要代班的时候得到他们的理解。在拜托同事代班的时候，不仅要向他们表示感谢，还要向上司报告此事。这样可以让帮助你的同事们感受到你希望他们的付出得到肯定，从而进一步改善和周围人的关系。

交流感受，采取行动

上面列出的建议都是父母自己就可以立刻尝试的，但主观努力终究存在局限。孤身育儿现象的根本原因在于那些不利于育儿的机制。为了改变这一状况，需要我们每个人都行动起来，哪怕只有一小步。

大家路过区域自治体时，就算只是在窗口反映一下意见和期望，都能产生效果。此外，日本的女性议员很少，众议院占比为10％，参议院20％，地方议会只有10％左右。很少有政治家能够代表那些有过育儿经历的女性，这导致了当事者的意见很难被反映到政治决策中去。所以在忙于工作和育儿的日子里，也请大家别忘了去给那些致力于育儿支援事业的候选者投票，这十分重要。

结　语

非常感谢阅读此书的各位读者。

本书内容来源于刊载在《每日新闻》网站收费经济版上的"育儿幸存战"专栏，和众多职场母亲一样，我也曾经遭遇过所谓的"妈妈赛道"，并以此为契机开始创作这一连载。

我的专业是需要在现场进行参与观察的民族志学，职业性质与需要花费数月乃至数年在外取材的记者有些类似，而且往往需要去国外做田野调查。生完孩子后的我如释重负——"终于生了"，但后来才发现，因为需要照顾孩子，我无法再进行长期的海外调查。不仅如此，甚至连完整地外出一天都办不到，因此也不再具备国内调查的充分条件。这对于重视常驻现场、从内部进行理解的参与观察来说是致命的。由于我之前一直没能找到正式工作，所以一度打算把研究作为自己的谋生手段，却不曾有时间考虑过生完孩子之后是否还能继续自己的研究。

等到真的生完孩子，我才气馁地发现，因为孩子的关系，未来 10 年的状况恐怕都不会改变，我作为研究者的职业生涯可能要结束了。这时再看到出色的学术书籍上的谢辞："谨将此书献给我的妻子，她不仅替我养育了三个孩子，而且一直以来都默默支持着我的研究"，我的心境也不复从前了。

正在我为自己的遭遇感到失落不平时，通过某个契机，每日新闻电子媒体局的户嶋诚司先生向我发出邀请，建议我"何不写写职场母亲的现状呢"。对此，一开始我感到有些困惑，但仔细一想，如果是到育儿一线采访的话，带着孩子去也不成问题，反而更加容易取得采访对象的信任，而且还能一直跟孩子待在一起。反正也已经被迫加入"妈妈赛道"了，干脆就下定决心着手对育儿世代展开调查。其中一部分内容已经用于报纸连载和本书写作。虽然我现在每天还是无法专注于研究，但至少可以完完全全地身处调查一线了。

本书的内容参考了家庭、劳动、性别等相关领域的研究者们迄今为止辛辛苦苦积累下来的研究成果，在此向这些研究者表达诚挚的敬意。虽然可能不够完整，但我已尽我所能将这些优秀书籍和论文都列在了参考文献当中。若是各位读者亲自查阅这些文献，想必能感受到它们的价值。

在此还要特别感谢我大学时代研讨课的指导教师渡边秀树先生，他的课程是我了解育儿和职场相关社会学的契机。当时渡边老师说过的一句话让我印象深刻，他说："今天是我负责照顾孩子。"另外还要感谢我迄今为止教过的学生们，他们每天都会和我聊各种各样的事情，从他们身上我学到了很多。我希望今后的社会不仅能够变成对年轻女性友好的社会，同时还要变成对男性也更加友好的社会，这也是我创作此书时的心情。最后，多亏了参与调查的各位志愿者，这本书才能完成。借此机会向大家真诚地道一声谢。

感谢"育儿幸存战"的负责人户嶋诚司先生，还有本书的策划人、每日新闻出版社的峯晴子女士。

谨将本书献给所有为了育儿或工作而奋斗的人。

2017 年 6 月 1 日

藤田结子

参考文献

江原由美子　《"强制性"家务劳动机制》　小仓利丸、大桥由香子编著《工作/不工作/女性主义》　青弓社　1991 年

远藤公嗣　《"等值劳动等值工资"原则和职务津贴的形式》，*La revue du centre*①10 号　2010 年

杰弗里·普费弗（Jeffrey Pfeffer）著　村井章子译　《掌握"权力"之人的法则》　日本经济新闻出版社　2011 年

舡桥惠子　《育儿的性别和政治学》　劲草书房　2006 年

不破麻纪子、筒井淳也　《关于家务分工不公平感的国际比较分析》　《家庭社会学研究》22（1）　2010 年

滨口桂一郎　《年轻人与劳动》　中央公论新社　2013 年

林香里、谷冈里香编著　《电视报道行业的工作生活失衡》　大月书店　2013 年

亚莉·霍奇查尔德（Arlie Hochschild）著　田中和子译　《第二班》（*The Second Shift*）　朝日新闻社　1990 年

亚莉·霍奇查尔德（Arlie Hochschild）著　坂口绿、中野聪子、两角道代译　《时间困境》（*The Time Bind*）　明石书店　2012 年

石井クンツ昌子　《"超级奶爸"现象的社会学》　密涅瓦书房　2013 年

伊藤公雄　《"男子气概"的未来》　新曜社　1993 年

岩田正美、大泽真知子编著　日本女子大学现代女性职业研究会编　《女性为什么辞职》　青弓社　2015 年

---

①　一本法语杂志，直译为《中心杂志》。

木本喜美子　《家庭、性别和企业社会》　密涅瓦书房　1995 年

日本国立社会保障和人口问题研究所　《第 15 次出生趋势基本调查》　2016 年

日本国立社会保障和人口问题研究所　《第 5 次全国家庭趋势调查》　2015 年

厚生劳动省　《第一次 21 世纪新生儿纵向调查（2010 年新生儿）》　2012 年

厚生劳动省　《2011 年度全国单身母亲家庭调查》　2012 年

厚生劳动省　《2012 年度地区儿童福利事业等的调查》　2014 年

厚生劳动省　《2016 年度雇佣平等基本调查》　2017 年

黑田祥子　《关于日本人劳动方式及劳动时间的现状》　内阁府规制改革会议雇佣工作小组资料　2013 年

艾米丽·比奇（Emily Matcher）著　森屿麻里译《家庭主妇 2.0》　文艺春秋　2014 年

牧野カッコ、渡边秀树、舫桥惠子、中野洋惠编著　《通过国际比较来看世界上的家庭和育儿》　密涅瓦书房　2010 年

松田茂树　《是什么在支持着育儿》　劲草书房　2008 年

松田茂树　《近年来父亲们参与家务和育儿的标准及规定因素的变化》　《家庭经济研究》(71)　2006 年

皆川满寿美　《政策解读之四大"女性活跃法"和"让所有女性都展现出光芒"的政策体系》　《女性展望》vol. 671（11～12）　2014 年

三浦麻里　《新自由主义的母性》　《性别研究》18 号　御茶水女子大学性别研究中心　2015 年 3 月

文部科学省　《2016 年度学校基本调查》　2016 年

森真澄美、浅仓睦子编　《同工同酬原则的实施系统》　有斐阁　2010 年

妙木忍　《女性之间出现争论的原因》　青土社　2009 年

内阁府　《关于促进女性活跃的民意调查》　2014 年

中野圆佳　《"育儿假"一代的困境》　光文社　2014 年

NHK 放送文化研究所　《国民生活时间调查》　2015 年

仁平典宏　《序章：摇晃不定的"劳动"的轮廓》　仁平典宏、山下顺子编《劳动复审（5）：关怀、协同合作、无偿劳动》　大月书店　2011 年

西村纯子　《育儿和工作的社会学》　弘文堂　2014 年

落合惠美子　《21 世纪的日本家庭何去何从》　有斐阁　1994 年

小笠原佑子　《性别角色分工意识的多元性和父亲们对工作和育儿的调整》　《家庭经济研究季刊》81 号　2009 年

小仓千加子　《结婚的条件》　朝日新闻社　2003 年
大槻奈巳　《职务差距》　劲草书房　2015 年
酒井顺子　《败犬的远吠》　讲谈社　2003 年
总务省　《2011 年社会生活基本调查》　2012 年
总务省　《2012 年就业结构基本调查》　2013 年
总务省　《2015 年国势调查》　2016 年
武石惠美子　《从国际比较的视点出发思考日本的工作与生活平衡情况》　密
　涅瓦书房　2012 年
柘植安昙　《生殖技术》　美篦书房　2012 年
辻由希　《第二届安倍内阁的女性活跃促进政策》　《家庭经济研究》（107）
　2015 年
筒井淳也　《结婚和家庭的未来》　光文社　2016 年
筒井淳也　《工作与家庭》　中央公论新社　2015 年
上野千鹤子　《家父长制与资本制》　岩波书店　1990 年
上野千鹤子、信田小夜子　《婚姻帝国：女性的分岔路》　讲谈社　2004 年
山田昌弘　《"受欢迎"的构造》　筑摩书房　2016 年
大和礼子、斧出节子、木胁奈智子编　《男人的育儿，女人的育儿》　昭和堂
　2008 年

图书在版编目（CIP）数据

孤身育儿／（日）藤田结子著；王晓雨译. 一上海：
上海文化出版社，2020.5
ISBN 978 - 7 - 5535 - 1903 - 6

Ⅰ．①孤… Ⅱ．①藤…②王… Ⅲ．①家庭教育
Ⅳ．①G78

中国版本图书馆 CIP 数据核字（2020）第 043162 号

著作权合同登记号：图字 09 - 2020 - 138

出 版 人：姜逸青
责任编辑：任 战
责任监制：刘 学
装帧策划：王 伟
封面设计：谷亚楠

书 名 孤身育儿
著 者 ［日］藤田结子
译 者 王晓雨
出 版 上海世纪出版集团 上海文化出版社
地 址 上海市绍兴路 7 号 200020
发 行 上海文艺出版社发行中心
上海市绍兴路 50 号 200020 www. ewen. co
印 刷 苏州越洋印刷有限公司
开 本 889×1194 1/32
印 张 6.375
版 次 2020 年 7 月第一版 2020 年 7 月第一次印刷
书 号 ISBN 978 - 7 - 5535 - 1903 - 6/G. 305
定 价 45.00 元
如发现本书有印装质量问题请联系印刷厂质量科 电话：0512 - 68180628